职业教育公共基础课教学改革系列教材

劳动教育指导手册

主　编　何健勇

副主编　张　渺　宁存柱　扶慧娟

参　编　（以姓氏笔画排序）

王　瑾　王　鑫　王素芳　朱　兵
齐　雯　孙明利　李金辉　张海峰
郑　双　荆晓前　胡一帆　贾艳东
郭　萍　谢秋行

主　审　刘海霞

机械工业出版社

本书由五个单元组成，分别是认识劳动价值、掌握劳动技能、传承劳动精神、培育劳动品质和劳动成就梦想。通过“劳动认知”“案例品读”“案例解析”“话题探讨”“拓展学习”五个栏目，本书帮助学生在“学、思、践、悟”中把握劳动教育的基本内涵，树立劳动最光荣、劳动最崇高、劳动最伟大、劳动最美丽的思想观念。本书配套的劳动任务指导手册可引导学生掌握必备的劳动技能，培养劳动精神、劳模精神和工匠精神，养成良好的劳动习惯，成为勤于劳动、善于创造的新时代劳动者。

教师可在机工教育服务网（www. cmpedu. com）注册后，下载相关教学课件。

本书既可作为中等职业学校劳动教育必修课程的教材，也可作为培训劳动技能的相关教材，供广大读者自学使用。

图书在版编目（CIP）数据

劳动教育指导手册 / 何健勇主编. —北京：机械工业出版社，2022.4

职业教育公共基础课教学改革系列教材

ISBN 978-7-111-70497-3

Ⅰ.①劳… Ⅱ.①何… Ⅲ.①劳动教育-中等专业学校-教材 Ⅳ.①G40-015

中国版本图书馆 CIP 数据核字（2022）第 056488 号

机械工业出版社（北京市百万庄大街 22 号　邮政编码 100037）

策划编辑：宋　华　　责任编辑：宋　华　刘益汛

责任校对：肖　琳　张　薇　　封面设计：马精明

责任印制：任维东

北京中兴印刷有限公司印刷

2022 年 8 月第 1 版 · 第 1 次印刷

210mm×297mm · 12.25 印张 · 236 千字

标准书号：ISBN 978-7-111-70497-3

定价：39.00 元

电话服务

客服电话：010-88361066

010-88379833

010-68326294

网络服务

机　工　官　网：www. cmpbook. com

机　工　官　博：weibo. com/cmp1952

金　　书　　网：www. golden-book. com

机工教育服务网：www. cmpedu. com

前　言

本书依据《中共中央　国务院关于全面加强新时代大中小学劳动教育的意见》和教育部印发的《大中小学劳动教育指导纲要（试行）》编写而成。

在新时代、新的历史条件下，时代新人对劳动教育的需求极为迫切，使学生接受劳动教育、学会和参与劳动的机遇与挑战并存。

本书牢牢把握中职学校在新时代劳动教育中的新担当、新要求、新使命，围绕劳动为什么、是什么的问题，以清晰的脉络有重点地进行讲解。将马克思主义劳动观贯彻始终，让学生了解劳动与人类历史、人类社会发展的关系，加强劳动观念、劳动纪律、劳动相关法律法规的正面引导。加强劳动知识技能的讲解，涉及学会生活技能，认识生产劳动，感受服务劳动，掌握实践操作的基本原理、程序、规则，正确使用工具和技术进行劳动等方面。加强对劳动价值和意义的领悟，对劳动精神、劳模精神、工匠精神进行重点解读和讲解，全面提高学生劳动素养。

本书采用了大量生动、典型的人物案例，其中既有“两弹元勋”邓稼先、中国首位诺贝尔医学奖获得者屠呦呦、“杂交水稻之父”袁隆平、“共和国勋章”获得者钟南山等广为人知的榜样人物，还有时传祥、魏俊强、宋现生等众多一线劳动者，更有黄枫林、李兆、杨普等劳动表现优异的职业教育学子。这些人物案例贴近学生生活，人物故事耳熟能详，特别设置的“案例解析”模块对案例中的人物展现的敬业精神、工作态度等进行了细致深入的解读。学生可从他们的具体事迹中领悟高尚精神和优良品质，结合劳动任务，在日常劳动实践中努力向榜样看齐。

本书的“拓展学习”模块，涵盖了推荐书目、数字影片影音、专业网站等相关资源，可作为劳动教育课程教师在授课中有效的教学素材补充，也可作为学生在课外开阔视野、丰富劳动教育相关知识的资料库。

本书在主体内容外还加入了名人语录、知识链接及精美活泼的插图等，引用名人语录论述劳动内涵，用插图还原劳动的真实场景，寓教于乐，希望学生在学习中强化劳动习惯、养成劳动品质。

本书由何健勇担任主编，张渺、宁存柱、扶慧娟担任副主编，刘海霞担任主审。参与编写人员还有王瑾、王鑫、王素芳、朱兵、齐雯、孙明利、李金辉、张海峰、郑双、荆晓前、胡一帆、贾艳东、郭萍和谢秋行。感谢北京市商业学校、河北经济管理学校、河北省迁安市职教中心各级领导的支持与关怀，感谢参与本书编写的各位老师的辛苦付出，特别要感谢北京教育科学研究院刘海霞老师在本书编写过程中的全程陪伴和专业指导，为编写教师提供了宝贵的意见和建议。

因编者水平有限，书中难免存在疏漏之处，敬请读者指正。

编　者

劳动技能微课清单

劳动技能	二维码	页码	劳动技能	二维码	页码
怎样修剪植物		9	怎样清洁卫生间		82
怎样清洗蔬菜水果		15	怎样洗衣服		89
怎样切菜		23	怎样叠衣服		95
怎样炒菜		33	怎样清洗鞋子		101
怎样拆米袋		43	怎样套被套		106
怎样蒸馒头		55	怎样叠军被		114
怎样做厨房卫生		62	几种常用工具的使用方法		122
怎样给室内环境消毒		71	怎样打绳结		126
怎样擦玻璃		77	怎样照看病人		131

目　录

前　言
劳动技能微课清单

第一单元　认识劳动价值 …… 1
第一课　劳动创造历史 …… 1
第二课　劳动创造人与人类社会 …… 10
第三课　实现体面劳动 …… 16

第二单元　掌握劳动技能 …… 24
第四课　学会生活技能，奠定人生成长基础 …… 24
第五课　认识生产劳动，体悟劳动创造价值 …… 34
第六课　感受服务劳动，强化社会责任感 …… 44

第三单元　传承劳动精神 …… 56
第七课　做勤俭奋斗、创新奉献的劳动者 …… 56
第八课　做爱岗敬业、争创一流的劳动楷模 …… 63
第九课　做精益求精、追求卓越的未来工匠 …… 72

第四单元　培育劳动品质 …… 78
第十课　遵规守纪，筑牢安全意识 …… 78
第十一课　诚实守信，体悟责任担当 …… 83
第十二课　吃苦耐劳，培育积极态度 …… 90
第十三课　勤俭节约，弘扬传统美德 …… 96
第十四课　团队合作，营造劳动氛围 …… 102

第五单元　劳动成就梦想 …… 107
第十五课　劳动拓展职业认知，助力正确择业 …… 107
第十六课　劳动激发创新意识，提升创业能力 …… 115
第十七课　劳动助推职业生涯，成就职业梦想 …… 123
第十八课　劳动创造社会财富，推动人类进步 …… 127

参考文献 …… 132

第一单元 认识劳动价值

第一课 劳动创造历史

学习目标

1）了解人类劳动创造历史的过程。

2）理解不同历史阶段的主要生产工具和生产技术。

3）认识生产力是推动社会发展的根本原因，树立正确的发展观。

劳动创造了历史，劳动创造了文明。依靠劳动，人类脱离蛮荒、饥寒，从茹毛饮血到精耕细作，从手工制作到机器大生产，从衣不蔽体到物阜民丰，人类社会的每一个进步都离不开伟大的劳动创造。劳动使人类不断完善自身，也使人类不断改变世界。中华民族历来崇尚劳动、热爱劳动、勤于劳动、善于劳动。我们中华民族正是通过劳动创造了上下五千年的独树一帜、绵延不绝的灿烂文明。

劳动认知

劳动是与生俱来的，它伴随着人类走过了漫长的岁月，按照生产力发展水平，我们把劳动分为古代、近代、现代三个阶段。

1. 古代劳动阶段：从茹毛饮血到精耕细作

古代劳动阶段包括石器时代、青铜时代和铁器时代三个时期。

（1）石器时代

站在历史最远端的是石器时代的人们。石器是人类祖先生存斗争的基本武器。根据

石器制作技术的不同，石器时代分为旧石器时代和新石器时代两大阶段。旧石器时代以使用打制石器为标志，旧石器时代早期的人类被称为猿人。猿人的食物需要通过采集和狩猎劳动获得。在鸟蛋、植物果实和块根等不能饱腹的时候，猿人用砾石相互敲打形成多面体、棱锥体、石片之类的砍砸器，并使用这些粗糙的工具刺杀、猎捕、切割性情比较温和的大中型动物，如长颈鹿、野马、大象、河马、羚羊等。在距今100多万年前至50万年前这段时间里，世界一些地区的古人类相继掌握了人工控制天然火的技能，如在我国山西芮城西侯度遗址、北京周口店猿人遗址都发现了人工用火的痕迹。火被用来加工食物、取暖以及自我保护，高温加热的食物不仅味道好，而且易于咀嚼和消化，促使人体内脏、大脑、骨骼、口腔的进化加快。大约距今25万年前，人类开始从猿人阶段向现代人过渡。直立行走实际上不仅是解放了人的双手，而且它还引起了身体部位的某些相关的变化。旧石器时代的晚期出现了间接打击法、钻孔法和摩擦法等石器制作技术。

距今1万多年前，人类进入新石器时代。新石器时代有三个主要特征：一是在打制石器的基础上出现了磨制石器；二是开始人工种植，出现农业；三是可以制作陶器。此后，我们的祖先开始定居生活，从事原始农业，饲养家畜，修建村落，生活逐渐稳定。我国已发现的新石器时代文化遗存有1万多处，由于地域辽阔，各地自然地理环境不相同，新石器时代文化的面貌也有很大区别，如黄河中下游的半坡遗址和大汶口遗址、龙山遗址等旱地农业经济文化区，这里是粟、黍等旱作农业起源地。半坡人制作精美的磨制石器、骨器、角器等生产工具，用以开垦土地，从事农业生产，主要种植粟；饲养猪和狗等家畜；他们还用弓箭、长矛、石球等捕猎斑鹿、獐、兔；用渔叉、渔钩、渔网捕鱼；有时也采集野果，作为食物的补充。半坡人在距今约6000年前就制造出技术较高的彩陶，以红底黑色纹饰为主，纹饰多是几何图案，还有动植物纹饰，其中以鱼纹、鹿纹为多，图案栩栩如生。半坡人还有较高的纺织技能，遗址中还出土了骨针、骨锥，陶制和石制的纺轮，用以织麻布、制麻衣。距今约5000年的大汶口文化时期，生产工具更加进步，骨器、石器种类更多。陶器有了新品种——黑陶和白陶，黑陶乌黑光亮，白陶色泽明丽。距今4000多年前的龙山文化时期，人们已经能够制作出胎壁薄如蛋壳的陶片。而长江中下游河姆渡遗址、江西万年仙人洞及吊桶环遗址、浙江余杭良渚遗址等则是水田农业经济文化区。仙人洞遗址中距今约1万年的水稻遗存，证明中国是世界上人工水稻栽培的重要起源地。河姆渡人会制作陶器、玉器和简单的乐器骨哨。河姆渡人还运用雕刻等技术，将象牙和兽骨制成古朴的艺术品。

（2）青铜时代

青铜时代在世界范围内的编年范围大约从公元前4000年至公元初年。中国的青铜文化发源于距今约5000年的黄河、长江、珠江流域，历经夏、商、西周至春秋时期，包含了中国整个奴隶制社会发展。青铜是红铜（纯铜）与锡或铅的合金，埋在土里后因氧化而呈现青灰色，故名青铜。青铜时代的最显著标志就是青铜器的使用。我国在黄河流域的多个遗址出土了距今5000～4000年的铜器，如甘肃齐家文化遗址出土了距今约4000年的铜镜。夏朝开始出现中国最早的青铜礼器鼎、爵、觚、盉等。商朝以后，青铜器的数量增多，种类逐渐丰富，主要用于饮食、祭祀及军事等方面，功能也由食器等发展到礼器，成为王公贵族象征身份地位及国家权力的代表性器物，礼器的类型和数量反映了权力的大小和严格的等级界限。商周时期的青铜器不仅种类丰富，数量众多，而且制作工艺高超。当时的工匠已准确地掌握了铜、锡、铅的比例，在铸造技术上，采用泥范铸造法，用来制造不同用途的器具。到商朝后期，青铜铸造业不仅规模宏大，而且组织严密，分工细致，能够铸造出大型器物，如珍藏在国家博物馆的后母戊鼎，是迄今世界上出土的最重的青铜器。

商周时期还出现了青铜农具，但木制的耒耜、石锄、石犁，仍是人们进行农业生产的重要工具。这时候的农业还属于刀耕火种的原始农业。人们先用石刀、石斧把树木砍倒，晒干后放火焚烧，然后再用石犁翻土播种。土地耕种一两年后，地力下降。为了寻找肥沃的土地，人们不得不经常迁徙。但人们在生产劳动中，已经懂得开沟排水，除草培土，用杂草沤制肥料，治虫灭害。这样，土地可以连续耕种，土地的利用率大大提高。西周时期，农作物种类更加丰富，有粟、稻、黍、稷、麦、桑、麻等，后世的主要农作物多已具备。随着农业生产的发展，人们的生活也从频繁迁徙开始走向定居。中国农业独立发展，自成体系，奠定了我国古代农业社会的基础。商周时期玉器加工和纺织业有很大发展，商代玉器雕刻精美，且数量较多，仅安阳妇好墓就出土玉器700多件。考古发掘证明，中国是世界上最早养蚕缫丝织绸的国家。距今四五千年前，我国已养蚕并有了丝织品。商朝时已有了织机，能织出多种丝织品。西周时能生产斜纹提花织物。商朝的陶瓷业也有发展，商和西周遗址里出土了原始瓷器，这是陶瓷发展史上的一次飞跃。另外，商周时期漆器制造也达到较高水平，周朝时期漆工艺大量应用于车的制造。

（3）铁器时代

铁器时代开始于公元前1500年至公元前1000年。由于铁比青铜坚硬，铁器的使用增强了人类改造自然的能力。据上村岭虢国墓地的考古发现，至少在公元前8世纪的西周末期已有铁器。自然界中铁矿分布远比铜矿普遍，铁器发明后较短时期内便得以普及。在中国，生铁和块炼铁几乎是同时出现的，这使中国古代的冶铁工艺在世界上处于领先地位。春秋战国时期，人们开始使用铁制农具和牛耕，并将其逐渐推广。西汉赵过推广的耦犁，要用两头牛牵引，三个人驾驭。后来出现的犁壁，使铁犁可以朝着同一个方向翻土。使用耦犁的牛耕方法，到东汉时已推广到珠江流域。汉朝以后，铁犁牛耕成为我国传统农业的主要耕作方式。隋唐时期，江东地区出现曲辕犁。这种犁安装了犁评，可以调节犁耕的深浅，既简便又轻巧，能适应各种土壤和不同田地的耕作要求。至此，我国耕犁已相当完善，一直为后世沿用。

耕作技术也不断进步。春秋战国时期，当时先进的耕作方法——垄作法已经使用。西汉时，赵过总结劳动人民的生产经验，推行代田法，这种方法比当时普遍采用的撒播方法更先进。到魏晋南北朝时期，北方旱地的耕耙耱技术形成，南方的水田也采用耕耙技术。魏晋以后，人们基本上都沿用这种耕作技术。两汉的耕作制度是以一年一熟为主。宋朝以后，随着南方社会经济的日益发达，我国经济重心逐渐转移到江浙地区。江南逐渐形成了稳定的稻麦轮作的一年两熟制，有些地方形成一年三熟制，极大地提高了土地的利用效率。我国古代一直很重视农业灌溉，著名的水利工程有战国时期的都江堰，汉朝的漕渠、白渠和龙首渠等。同时，人们还创制和改进农业灌溉工具。曹魏时，经改制的翻车用于灌溉；隋唐时创制了筒车；唐朝出现利用水力的高转筒车；明清时出现风力水车。这些水利工程和农业灌溉工具的应用，推动了农业生产的快速发展。春秋战国时期，铁制农具的出现和牛耕的逐渐推广，提高了社会生产力。伴随着封建土地私有制的确立，以一家一户为单位男耕女织的小农经济逐步形成。这种自给自足的自然经济，是中国传统农业社会生产的基本模式。

2. 近代劳动阶段：从蒸汽轰鸣到万家灯火

近代劳动阶段包括蒸汽时代和电气时代两个时期。

（1）蒸汽时代

从18世纪60年代开始，英国的新兴行业——棉纺织行业出现一系列重要发明，机器生产逐步取代手工劳动，后来又扩张到其他行业，这场在工业、科学、技术等方面的重大变革叫作工业革命。1785年，瓦特研制成的改良蒸汽机在工厂投入使用。它能产生巨大的动力，而且不受自然条件的限制，很快在纺织业中得到广泛运用，并迅速被推广到其他工业生产部门。瓦特蒸汽机出现以后，大大推动了机器的发明和使用，工业革命进入一个崭新的发展阶段，将人类带入了蒸汽时代。随着机器的日益增多，传统的手工工场无法适应机器生产的需要，资本家开始建造厂房，安置机器，雇用工人集中生产，这样，一种新的生产组织形式——工厂出现了。工厂成为工业生产的主要组织形式，发挥着日益重要的作用。同时，在工业革命进程中，社会财富迅速增加，但农业在国民经济中的比重相对减少，工业发挥了日益重要的作用。同时，工厂逐渐集中，形成了许多工业城市。越来越多的人从农村进入城市做工，城市在国家社会经济中的地位日益重要，城市化进程明显加快。1840年前后，英国的大机器工业基本上取代了传统的手工业，率先完成了工业革命，成为世界上第一个工业国家。

为了开辟国外市场、推销工业品、掠夺廉价的工业原料，英国发动了侵略中国的鸦片战争，鸦片战争以中国的失败告终，之后签订了《南京条约》等不平等条约，使中国开始沦为半殖民地半封建社会。鸦片战争以后，西方列强的经济侵略，摧毁了中国自身孕育的资本主义萌芽，瓦解了中国自给自足的封建经济，把中国卷入世界资本主义市场。第二次鸦片战争以后，清政府面临内忧外患的窘境。一些开明的官员主张，在不改变封建制度的前提下，利用西方先进的科技，维护清朝统治。以恭亲王奕䜣、曾国藩、李鸿章、左宗棠和张之洞为代表的洋务派发起了洋务运动。19世纪60年代，洋务派打着“自强”的旗号，引进西方先进生产技术，创办了一批近代军事工业。其中，较为重要的有曾国藩创办的安庆内军械所、李鸿章创办的江南机器制造总局、左宗棠创办的福州船政局和满洲贵族完颜崇厚创办的天津机器制造局。由于财力不足，从19世纪70年代起，洋务派又打出“求富”的旗号，创办了一批近代民用工业，以解决军事工业资金、燃料、运输等方面的困难。其中，主要有李鸿章创办的轮船招商局和开平煤矿，张之洞创办的汉阳铁厂和湖北织布局。从19世纪70年代中期起，洋务派开始筹划海防，十年之间，初步建成北洋、南洋、福建三支海军。为了适应洋务运动的需要，洋务派还创办了京师同文馆等一批新式学堂，培养翻译、军事和科技人才；又选派留学生出国深造，开创了近代教育的先河。客观上洋务运动刺激了中国资本主义的产生和发展，同时实现了中国近代工业、科技、教育的起步，是中国近代史的开端。

（2）电气时代

在蒸汽机的轰鸣声中，欧美各国的科学家孜孜不倦地进行新的科学探索，取得了丰硕成果。19 世纪中后期，很多科学研究成果都应用于生产，各种新发明、新技术层出不穷，带来了社会生产力的巨大飞跃，人们把这一历史进程称为第二次工业革命。在这次工业革命中，德国和美国扮演了非常重要的角色。第二次工业革命的重要标志是电的广泛应用。1866 年，德国人西门子研制出实用的发电机。电动机也很快制造了出来。之后，出现了集中供电的发电厂，输变电技术也日益完善，电可以输送到很远的地方，供给人们使用。电灯、电车、电话、电影放映机等电器产品纷纷涌现，改变了人们的生产和生活，人类由此进入电气时代。第二次工业革命中，新发明和新技术的广泛应用，催生了电力工业、石油工业和汽车工业等一系列新兴工业，也推动了纺织、钢铁及造船等传统工业部门的巨大进步。第二次工业革命还促成了工业生产结构的巨大变化，重化工业取代轻纺工业，成为工业生产的主要成分。工厂规模逐步扩大，资本需求日益增加，生产的社会化趋势日趋加强，垄断组织开始出现。在第二次工业革命的推动下，世界市场进一步发展。1870 年以后的三十多年间，世界贸易额增长了三倍左右。亚洲、非洲和拉丁美洲等地区的非工业国家生产的粮食和原料源源不断地运往工业化国家，工业化国家生产的工业品则销往全世界，国际分工日益明显。

19 世纪六七十年代，中国社会经济开始出现了资本主义的经济成分。甲午战争以后到 20 世纪初，在国内外因素的共同刺激下，中国民族工业有了初步发展。民国时期，民族资本主义发展道路十分曲折。民国初年，中国民族工业出现了发展的机遇。主要原因首先是中华民国国民政府为民族工业的发展扫除了一些障碍；其次是第一次世界大战期间，帝国主义国家因忙于战争，暂时放松了对中国的经济侵略，对中国的资本输出和商品输出都有所减少。但是大战结束后不久，列强又卷土重来。从 1927 年南京国民政府建立到 1937 年的十年，国民政府制定了一些促进经济发展的政策和措施，民族工业再次有了短暂的发展，但这种发展势头被日本的全面侵华所打断。民国后期，官僚资本的野蛮掠夺、战争的巨大消耗以及美国的经济侵略，一方面使得民族工业遭到巨大打击，大量工商企业破产倒闭，民族工业处于风雨飘摇之中。列强侵华破坏了中国领土主权的完整与独立，是造成中国近代日益贫穷和落后的根源，另一方面，西方技术进入中国，给中国的旧制度、旧观念以前所未有的冲击，同时也促进了中国自然经济的解体，为民族资本主义的发展创造了条件，客观上促进了中国的近代化进程。

3. 现代劳动阶段：从信息互联到未来探索

20 世纪四五十年代，以电子计算机的广泛使用为核心，原子能、计算机、航天技术、生物工程等技术为代表的第三次科技革命在美国展开，随后又波及西欧和日本等发达国家，进而逐渐向许多发展中国家扩展，最终形成了世界范围的科技革命。电子计算机广泛运用于工农业生产、科学研究、国防建设、财政金融、体育卫生等领域，特别是互联网的发展，它是人类社会历史发展中的一个里程碑，为人类创造了崭新的工作和生活方式。它极大地改变了人们的交流、交往方式，使人们所关注的信息能够广泛、迅速、公开地传播，使地球上的人们缩短了由于空间距离而造成的隔阂，地球也越来越像一个村落，人类从此进入信息时代。第三次科技革命发展经历了两个阶段：第一阶段，20 世纪 40 年代开始至 70 年代中后期，代表技术是核能技术、电子计算机技术和航天技术；第二阶段，20 世纪 70 年代中后期开始至今，代表技术是信息技术，引发了现代技术领域的巨大变革，形成新的技术群，如信息技术、生物工程技术、新能源技术、航天技术和海洋技术等。

这一时期，科学技术的各个领域之间相互渗透，一种技术的发展引起好几种技术的革命；大大加快了科学技术转化为生产力的速度，缩短了知识变为物质财富的过程；新技术成为社会生产力中最活跃的因素，在促进经济增长的各种因素中，科技所占的比重不断上升，科学技术已经成为第一生产力。科学技术推动了社会生产力空前发展，以西方国家工业生产的年平均增长率为例，在两次世界大战之间为 1.7%，而在 1950～1972 年间猛增至 6.1%。计算机技术的迅速发展和广泛应用，使信息技术产生了质的飞跃，导致了信息技术产业的出现。技术密集型企业迅速崛起。发达国家技术密集型企业发展的规模和速度大大超过劳动密集型企业，体力劳动者减少而脑力劳动者增加。现代国际竞争是以科技为先导的综合国力的竞争，世界各国都在高科技领域展开激烈竞争，如欧洲“尤里卡计划”，美国的“星球大战计划”“国家信息基础设施行动计划”，日本的“科技立国”战略等。

新中国成立后，我国的科学技术也得到了进一步发展。1958 年，我国研制成功我国第一台电子计算机；1964 年，我国第一颗原子弹爆炸成功；1965 年，我国自主研制成功第一块集成电路；1967 年，我国第一颗氢弹试爆成功；1970 年，我国第一艘核潜艇下水试验，我国第一颗人造卫星发射成功；1972 年，为我国及世界快速高效消灭疟疾立功的青蒿素研制成功；1973 年，杂交水稻研制成功，我国第三代集成电路计算机研制成功；1979 年，计算机汉字激光照排技术研制成功。改革开放后，我国政府大力发展科技，先后推出“863 计划”和科教兴国战略，神舟飞船、歼－20 战机、高铁、5G 通信、干细胞移植、人工智能……科技领域硕果累累。科技创新在我国发展全局中的地位和作用显著提升，我国科技事业积极探索实践了一条从人才强、科技强到产业强、经济强、国家强的创新发展新路径。在经济全球化的今天，我们正满怀信心，抓住机遇，探索未来，努力把我国建成富强民主文明和谐美丽的社会主义现代化强国。

案例品读

> **知识链接**
>
> 我的人生有三个母亲。第一个母亲是亲生母亲，要孝顺。第二个母亲是祖国母亲，要报效。第三个母亲是大地母亲，要保护。
>
> ——当代治沙“愚公”王文彪

库布齐沙漠位于河套平原黄河“几”字湾里的黄河南岸，作为中国第七大沙漠，总面积 1.39 万平方公里，曾经这里寸草不生，被称为“死亡之海”，60% 以上都是流动沙丘。这片沙漠也是距离北京最近的沙漠之一。在六七级大风的作用下，这里的黄沙一夜之间就能抵达北京。过去很多年，这片沙漠都是京津冀沙尘暴的罪魁祸首。但现如今的库布齐沙漠已绿意盎然，焕发着勃勃生机，被联合国环境署确认为“全球沙漠生态经济示范区”，还获得了联合国“环境与发展奖”。

经过 30 年坚持不懈的治理，库布齐沙漠出现几百万亩厘米级厚的土壤迹象，改良出大规模的沙漠土地，初步具备了农业耕作条件。每年可以阻止上亿吨黄沙侵入黄河。在穿沙公路两边种植甘草，一是可以护路，二是可以产生经济效益。库布齐沙漠的沙尘天气由 1988 年的 50 多次减少到了 2016 年的 1 次；雨量由不足 100 毫米/年增加到 400 多毫米/年；生物多样性增长到 530 多种；植被覆盖率达到 53%；综合治理面积达 910 万亩。2017 年，联合国发布的全球首份生态财富报告指出，库布齐治沙创造生态财富 5000 多亿元，带动 10.2 万人脱贫。库布齐沙漠从祖国正北方的一块“黄褐斑”变成了一枚“绿宝石”。

案例解析

随着时代的进步，中国人对荒漠化的认知也由过去的谈沙色变到如今的变沙为宝。从前谈起沙漠，很多人只会叹息一声，而现在，沙漠资源的开发利用已成为当下中国治沙成果的新体现。库布齐人在库布齐沙漠的生态治理和产业发展中创造了水气种植法、干法种植法、水瓶植树法等100多项高端生态技术，先后培育出1000多种沙漠里抗寒耐寒耐盐碱的种植资源，创新应用了无人机种植、光伏治沙等最新技术，在沙漠中种出了药材和庄稼、制造出了建材、开发出了可再生能源，还搭建了两个循环产业链，形成了独特的“由输血到造血、由被动到主动、由劣势到优势”的库布齐模式。库布齐沙漠成为联合国的“全球治沙样本”，为世界提供了荒漠化治理的中国经验。库布齐沙漠的治理，成功实现了光伏发电、生态修复、扶贫利民的共赢，成功践行了“绿水青山就是金山银山”的理念。

话题探讨

随着时间的推移，人类劳动的工具不断改进、劳动技术不断提高，劳动的对象也不断扩大，生产力得到发展，并推动了社会进步。但人类在用劳动创造历史、改变世界的过程中也对自然界产生一些负面效应。请你结合所学专业谈一谈未来中国可持续发展之路。

拓展学习

1. 观看CCTV－10科教纪录片：《文明密码·五一特别节目　劳动的力量》。
2. 阅读书籍：尤瓦尔·赫拉利《人类简史》。

劳动技能	
怎样修剪植物	

第二课　劳动创造人与人类社会

学习目标

1）了解劳动创造人与人类社会，理解劳动是人类社会发展的基础。

2）能够结合所学专业进行劳动实践。

3）树立正确的劳动观。

“我是谁？”“人从何而来？”“人类社会从何而来？”自古以来，人类不断在追问和思考这些问题。人和动物不一样，动物只是本能地活着，而人有思维、有理性，会不自觉地对自己身边的人和事，对自己生活的社会不断进行审视和思考。

劳动认知

1. 劳动创造人

人从何而来？1859年，达尔文在《物种起源》一书中提出生命进化论，该理论探讨了生命起源，在当时最具代表性，达尔文的生命进化论改变了人们的观念。劳动是人类生存的前提和基础，劳动创造了人类，劳动在改变自然界的同时也改变着人自身，从而在人类的生存和发展中起着无可替代的作用。

关于“劳动创造人本身”这一观点，恩格斯在《劳动在从猿到人转变过程中的作用》中，运用了达尔文的人类起源理论，明确了人类是由古猿发展而来的一个特殊的生物种群，并具体描述了劳动如何使古猿成为人。

（1）劳动创造了生产工具，使猿手变成人手

大约在二三千万年前，地球上气候变化，森林缩小，迫使古猿从林栖到地栖，逐渐适应地面生活，开始摆脱用手来行走的习惯，逐渐以直立的姿势行走。这迈出了从猿到人的具有决定性的一步——手脚分工。由于直立行走，古猿的前肢获得解放，逐渐学会了使用、创造生产工具。他们由最初直接利用自然界现成的工具、自然界的器物，向制造和使用人所特有的劳动工具转化，并进一步推进了人的身体结构向积极劳动实践活动的方向发展。使用创造生产工具使猿变为人，尽管这些工具最初是很粗糙的，如打制石器，仅仅是简单改造，但这是非常重要的，因为任何一个动物都不会有意识地去改造生

产工具。再例如，在动物界，黑猩猩是被公认为智商最接近人类的动物。科学家做过一次实验：教黑猩猩用水灭火。经过多次训练，黑猩猩学会了从水龙头接水灭火。科学家改变实验地点，在河边点起一堆篝火，黑猩猩快速提起水桶，蹚过河水到对面的水龙头上接满水，再蹚过河回来灭火。人不仅知道水能灭火，还知道多种方法灭火，并研制多种类型的灭火器。但是，黑猩猩还不具有能力去制造灭火工具，或者其他的工具进行生产劳动。

生产工具的发明表明人的思维和能力都达到了更高的高度，同时最主要的是劳动使得猿手变成了人手。人从使用天然工具到制造简单工具，直到人用手把石头做成石刀，手变得自由了，并能不断掌握新的技能，而由此获得的更大的灵活性被遗传下来，并且一代一代地增加着。制造生产工具是人特有的活动，有了生产工具，才会有现实的生产，才会有现实的劳动。

（2）劳动产生了语言，使人的意识得以形成和发展

在生产劳动中，人们相互交往，需要交换思想，表达意见，劳动越发展越复杂，越需要经验交流。同时，古猿身体结构和心理特征的不断发展变化，产生了交往的需要。于是，在意识产生的同时，语言开始产生。语言和劳动相互促进，猿脑最终变成人脑。恩格斯说：“首先是劳动，然后是语言和劳动一起成了两个最主要的推动力，在它们的影响下，猿脑就逐渐过渡到了人脑。”脑的发展又反作用于劳动和语言，为这两者的进一步发展不断提供新的推动力。

语言与意识是伴随着劳动一起进步的。人的意识是自然界长期发展的产物，没有劳动和社会交往，再复杂的心理也不能自发地发展为人的意识。劳动和社会交往促进了意识的器官——人脑的生成，促进了意识的表达手段——语言的产生，提供和丰富了意识的内容。人们劳动范围的不断扩大，需要对复杂的劳动对象做出更高级的反映，在初级意识的基础上，逐渐形成抽象思维。恩格斯说：“手的使用和语言思维的产生都是在生产劳动过程中形成和发展的，正是由于劳动，人才得以从动物界中分化出来，所以说劳动创造了人本身。”人类最终借助语言和意识，开启了自己的社会历史和社会生活，为真正意义上的人类历史活动拉开了序幕。

2. 劳动创造人类社会

（1）劳动产生人的社会关系，促进人类社会的形成

劳动作为人的活动，首先具有自然属性。人为了生存，为了延续生命，就要通过劳动占有自然产物，使之满足自身需要。同时，劳动的过程还具有社会的属性。

从人类祖先古猿的进化过程来看，地栖的生活方式对古猿的协同行动、组织程度等都提出了较高的要求。在劳动过程中，通过协同行动，人与人之间的社会联系更加密切和牢固。劳动的自然属性和社会属性，使得从猿到人的转化，不仅是简单的生物进化过程，而是一个从自然界向人类社会飞跃的一个根本的质变过程。通过劳动，人和人类社会从自然界中分化出来，人类在适应自然的同时，积极改造自然，使之更好地为人类服务。在新型的人与自然关系的基础之上，人们展开丰富多彩的社会关系。

（2）劳动构成人类社会存在和发展的基础

人要生存发展，必须进行生产劳动，脱离劳动，人类就不会存在下去。正如马克思指出："我们首先应当确定一切人类生存的第一个前提，也就是一切历史的第一个前提，这个前提是：人们为了能够'创造历史'，必须能够生活。但是为了生活，首先就需要吃喝住穿以及其他一切东西。因此第一个历史活动就是生产满足这些需要的资料，即生产物质生活本身。"人们只有在解决了生存问题之后，才能够创造自己的历史，劳动构成了社会存在的基础。

劳动构成了社会发展的基础并推动着人类社会的发展。人类社会的历史实际上就是人通过劳动有意识地改造客观世界的历史。人类社会的起点在于劳动，人的劳动表现为一个历史的过程，具有历史性，经历了简单劳动到复杂劳动、手工劳动到机器劳动的过程。每一次生产工具的革命都起着划时代的作用，因此也用工具来划分时代，如石器时代、铁器时代等。人类改造世界的物质性活动是实践。所以说，人类历史是由人的社会实践活动构成的历史。人类的社会历史和社会生活的基本领域，经济、政治、文化是由人的实践生成的。人类进行物质生产的实践构成了社会生活的经济领域，如南水北调工程、都江堰工程、京杭大运河、长江三峡水利枢纽工程、公路、铁路、建筑、农业、工业生产等实践。人类调整、改革社会关系的实践构成了社会生活的政治领域，如国家方针政策的制定、法律制度的建设和实施等。人类创造科学文化的实践构成了社会生活的文化领域，如北斗卫星导航系统工程、探月工程、四大发明、万有引力的发现等。实践生成了社会生活的全部领域，形成了全部的社会关系，推动着人类社会关系的发展。离开劳动实践活动，社会的存在、发展和进步将成为无源之水、无本之木。

总之，劳动改变了古猿的身体结构，创造了人手和大脑，产生了语言和意识，形成了社会关系，创造了人类和人类社会。劳动促进了人类社会的形成，推动了人类和人类社会的发展。

3. 劳动实现个人价值和社会价值

（1）要善于在劳动中实现人生价值

对于个人而言，劳动可以使我们的思想更加充实、心灵更加纯净，让我们的人生实现更多价值。我们每个人都要做到热爱劳动、善于劳动，同时在劳动中发现美、创造美，体现自己的人生价值。

一方面，通过劳动，人可以强身塑体，形成体型美；可以塑造心灵，锻造人心纯正和行为正义，形成精神美。劳动带来的不仅是物质的充盈丰富，更是精神的满足。热爱劳动的人对生活充满了希望，便不在意苦与累。劳动不但创造人，还能改造人，改造我们的思想，改造我们的世界观、人生观和价值观。

> **知识链接**
>
> 劳动永远是人类生活的基础，是创造人类文化幸福的基础。
>
> ——苏联　马卡连柯

另一方面，劳动创造人类社会。通过劳动，推动社会不断发展。劳动能够使人获得劳动能力，更能够使人的情操在劳动中得到陶冶，意志在劳动中得到磨炼，提高个人修养，培养高尚的品质。对于社会而言，一切的美好都不是凭空得来的。一栋栋高耸入云的摩天大楼、一盘盘各色的美味佳肴、一帧帧精彩纷呈的网络世界都是由一个个劳动者从无到有地创造出来的。劳动者共同创造了我们五彩缤纷的人类世界，世界的每一个角落都凝聚着人类劳动的成果。作为新时代的青少年，我们不能心安理得地享受前辈们的劳动果实，更应该站在巨人的肩膀上继承前辈们勤劳勇敢、善于创造的优良传统，把握时代的命脉，通过自己的努力续写人类发展的新篇章。

（2）在劳动中奉献社会，实现个人梦与中国梦同频共振

作为生逢百年未有之大变局的新时代中职生，相信许多人都会对国家的发展、民族的未来、时代的召唤，有深沉的思考和认识。实现社会主义现代化强国目标，需要发挥全体劳动者的积极性、主动性和创造性。而我们作为新时代的一份子，要在社会劳动中实现人生价值，做到个人梦与中国梦的统一。这就要求我们在社会的劳动实践中不但应该有体力和智慧的付出，还应该体现出强烈的社会责任感，以主人翁的身份参与社会劳动，承担起新时代青少年的社会责任。

人类历史是劳动创造的，社会是劳动创造的，无论过去、现在还是将来，劳动都是人类的属性和主要活动。只有每个人都将个人发展与国家命脉紧紧联系起来，才能通过

劳动和奋斗推动社会进步，让社会更美好，生活更幸福，人生更美丽。完成“两个一百年”奋斗目标，实现中华民族伟大复兴的中国梦，靠的是全体中国人民共同的劳动创造。全面建成小康社会，进而实现现代化强国的建设目标，所有社会劳动群众都是主体。作为一名中职生，我们要把握社会发展方向，把握时代脉搏，秉持与时俱进的精神，树立劳动光荣的理念，热爱劳动，勤于劳动，善于劳动。发挥自己的智力和体力、意志和情感，用自己的双手，建功新时代，与国家发展同频共振，在劳动奉献中实现人生价值，创造社会价值。

知识链接

劳动最光荣、劳动最崇高、劳动最伟大、劳动最美丽。全社会都应该尊敬劳动模范、弘扬劳模精神，让诚实劳动、勤勉工作蔚然成风。

——习近平给中国劳动关系学院劳模本科班学员的回信

案例品读

高凤林是中国航天科技集团有限公司第一研究院的首席技能专家。从第七机械工业部第一研究院211厂技工学校焊接专业毕业后，他坚持学习，不断提升自己，在自己的岗位上刻苦钻研。从最开始的一名普通的焊工做起，不断扎实自己的基础知识和基本功。例如，由于火箭对于外部机体材料要求十分轻薄，高凤林的作业对象经常是只有一两厘米厚的材料或者是指头那么大的小部件，手略微抖一下或者眨眼一下都会导致焊接失败。为了克服这个问题，提高焊接时手法的稳当，高凤林在入行初期就练习平举沙袋，几公斤的沙袋一手一个，平举一两个小时，就是为了增强手腕和手臂的力量，防止焊接时出现手抖的现象。这些都算是焊工的基本功，只有成功坚持下来的人，将来才有可能成为优秀的焊工。高凤林在刻苦磨炼基本功之余，不断提升焊接技术水平，他曾先后赴首都联合大学、北京理工大学学习相关专业，以啃硬骨头的精神攻克一个个焊接难题。如今的他专门负责我国高精尖航天器部件焊接，焊接技术达到世界一流水平，为我国航天事业发展做出了重要贡献。

除了工作上的成绩，高凤林的人格魅力也令人非常感佩。作为国内稀缺的顶级焊工，很多公司都向他抛出了橄榄枝，甚至用高于航天集团8倍年薪的待遇聘请他，但他丝毫不为所动。他说，“当看到我们生产的火箭把一颗颗卫星发射升空，这种骄傲和自豪感是任何金钱都换不来的。”

俗话说，“三百六十行，行行出状元”，职业没有高低贵贱之分。高凤林的事迹告诉我们，只要心中有光，何惧山高路长！踏踏实实地劳动，刻苦钻研实现技术精进，在平凡的岗位也能创造出不平凡的价值。

案例解析

美好生活由劳动创造，人类社会的发展离不开每一位劳动者的努力。高凤林长年坚守在焊工的工作岗位上，为祖国的火箭焊筑心脏。作为新时代的中职生，首先，我们要以各行各业的劳动模范为榜样，学习他们对职业岗位的责任感与使命感，树立尊重劳动的意识，明确劳动奉献者永远是社会的脊梁。中国焊工高凤林等劳动模范向我们深刻诠释了劳动创造的丰富内涵，激发了新一代中国人砥砺奋进的精神力量。

其次，我们要在实践中用劳模精神激励自己，与时代同步，在本职工作上做到“干一行，爱一行”，在专业技术上善于挖掘、勤于尝试，不断提高劳动技能和知识底蕴，争做有技术、有知识、能创新、会创造的劳动者，在服务国家和社会的同时成就自己，书写精彩人生。在工作岗位上，我们要将自己热爱的事业与祖国的命运联系起来，在实现个人价值的同时助力祖国的辉煌腾飞，就像高凤林一样，为火箭铸“心”，为民族铸梦！

话题探讨

围绕“劳动在人与人类社会发展中的重要作用”，同学们展开了热烈的探讨。

甲同学说，在从猿到人的转变过程中起决定性作用的是劳动。因为在参与劳动的过程中，猿实现了上下肢的分工，并且学会了直立行走，这对他们从猿到人的转变起到了极其重要的作用。

乙同学说，最关键的是在劳动过程中产生的语言使猿学会了思考，从使用天然的工具到打制工具，再到磨制工具，一步步地促进思维的发展，从而最终从猿发展成为人。

丙同学说，正因为有了劳动，才有了人类。如果没有劳动，就不会有人类的产生，更不会有人类文明。

你怎么看待以上同学的观点呢？说说你的想法。

拓展学习

1. 观看六集纪录片：《劳动铸就中国梦》。

2. 观看新华网时政频道：中国道路　中国梦。

劳动技能

怎样清洗蔬菜水果

第三课 实现体面劳动

学习目标

1）了解与劳动相关的法律法规，掌握与劳动相关的法律常识。

2）能够运用法律途径保障自己的劳动权益，依法维权。

3）树立正确的劳动意识，尊重劳动、尊重劳动者，体会人民的幸福生活应在体面劳动中实现。

2013年4月28日，习近平总书记在同全国劳动模范代表座谈时强调，必须坚持崇尚劳动，造福劳动者。全社会都要贯彻尊重劳动、尊重知识、尊重人才、尊重创造的重大方针，维护和发展劳动者的利益，保障劳动者的权利。要坚持社会公平正义，排除阻碍劳动者参与发展、分享发展成果的障碍，努力让劳动者实现体面劳动、全面发展。

最近全国总工会有关负责人谈到我国要不断提高劳动者权益保障水平时提出，让劳动者“体面劳动、舒心工作、全面发展”。作为一名普通的劳动者，就业公平和良好的劳动条件及相应的劳动保障是实现体面劳动的前提，劳动者发挥的价值能否得到最大的实现和尊重，一个岗位是否能给个人发展空间，劳动能不能真正带给我们幸福，这些都是体面劳动的重要内容。而要达成这些目标，需要法律对劳动者的权益提供保障，也需要全社会树立尊重劳动者，构建和谐劳动关系的观念。

劳动认知

体面劳动是通过促进就业、加强社会保障、维护劳动者基本权益，以及开展政府、企业组织和工会三方的协商对话，来保证广大劳动者在自由、公正、安全和有尊严的条件下工作。“体面劳动”一词最早由胡安·索马维亚在国际劳工大会上提出，后被国际劳工组织加以整合，形成了体面劳动的四个战略目标：就业权利、社会保障、社会对话与工作权利。在我们国家的当今阶段，体面劳动更要尊重劳动，让劳动者有公平、充分的就业机会，提高就业质量，使劳动者在劳动的过程中能得到发展，能够和整个社会共享改革发展成果。实现体面劳动，可以从三个方面入手。

1. 提高劳动者素质，实现劳动者的综合发展

实现体面劳动的第一环节是要提升劳动者的综合素质。在大力提倡“大众创业、万

众创新”的环境背景下，在国家从“中国制造”走向“中国创造”的关键时期，社会对人才的需求和要求都大大提升，这就对广大的劳动者提出了更高的要求。只有高度重视和不断提高劳动者素质，才能为“劳动托起中国梦”强本固基，才能为我们的发展提供充足的动力和重要保障。

> **知识链接**
>
> 在前进道路上，我们要始终高度重视提高劳动者素质，培养宏大的高素质劳动者大军。
>
> ——习近平在庆祝“五一’国际劳动节暨表彰全国劳动模范和先进工作者大会上的讲话

综合素质是一个劳动者在能力、知识、思维等方面的综合体现。劳动者的综合素质是影响社会生产力发展的重要因素。小到一名员工、一家公司，大到一个民族、一个国家，劳动者综合素质如何，关系到其发展水平的高低。全面建成小康社会、实现中华民族伟大复兴的中国梦，要求我们必须造就一支高素质的劳动者队伍，塑造出有时代特点的新型劳动者。

（1）提高劳动者素质，需要提升劳动者的技能水平

提升技能水平对于我们职业院校的学生来说是一项最基本的任务，我们只有具备了较高的文化层次和技能水平，才可以满足当前社会环境对我们的期待。我们要利用在校学习的大好时光，扎扎实实地学好基础知识，力求掌握精深的专业知识。同时，我们也应当清楚，现在的社会需要复合型人才。我们要跟上时代的步伐，就必须拓宽自己的知识面，对本行业以外的知识领域也要广泛涉猎，如果只注重本行业，而忽视行业之外的知识，就会成为井底之蛙。

（2）提高劳动者素质，需要提升劳动者创造性劳动的能力

创新是一个民族进步的灵魂，是国家兴旺发达的不竭动力。创新要求劳动者不仅掌握书本上的知识，更要求劳动者拥有能适应社会发展的创新知识和能力。近年来，劳模结构由新中国成立初期的体力劳动实干家，逐步向创新型人才方向发展，其中新型技工的比例在每年劳模评选中均在提高，并且这种趋势会越来越明显。作为职业院校的学生，我们要牢牢确立创新意识，注重培养自己的创新能力。在学习过程中要多问几个为什么，不能“只知其然不知其所以然”；坚持运用逆向思维；坚持找寻多途径解决问题的办法，在专业问题上更不能人云亦云。培养自己的创新能力，最重要的是在实践中进行，就是实践创新。要把理论学习与实践活动结合起来，并在实践中锻炼自己的创新思维。

（3）提高劳动者素质，要弘扬劳动精神，弘扬劳模精神

弘扬我国工人阶级和广大劳动群众的伟大品格，在全社会进一步形成爱岗敬业、争创一流、艰苦奋斗、勇于创新、淡泊名利、甘于奉献的劳模精神。高素质劳动者的显著标志是德才兼备。如果说创造力、好学上进、技术精湛等素质是“才”的标志，那么，顺应国家的劳动观念，以劳动为荣、爱岗敬业、甘于奉献等素质就是“德”的表现。劳动者综合素质的提升，是在社会大环境中得以实现的。树立用诚实劳动创造美好生活的风气，为实现中华民族伟大复兴的中国梦踏实工作，让每一位劳动者在劳动中体现自身价值，进而形成进取向上的职业精神，让劳动者综合素质的提高变成社会发展中的自觉行为。

知识链接

提高包括广大劳动者在内的全民族文明素质，是民族发展的长远大计。

——习近平在庆祝“五一”国际劳动节暨表彰全国劳动模范和先进工作者大会上的讲话

2. 保障劳动者权益，提升劳动者尊严

劳动者的合法权益，是指劳动者在劳动过程中依法享有并得到法律保障的权利。保障劳动者的合法权益，才能有效提升劳动者的尊严，使广大劳动者在劳动中获得幸福感。中华人民共和国成立以后，国家的立法非常重视对劳动者权益的保护。从1954年颁布的新中国第一部宪法，到其后的许多行政法规、劳动规章，对此都有明显的体现。正是这些保障劳动者权益的诸多规定，极大地调动了广大劳动者的生产热情和积极性，推动了我国社会主义建设的飞速发展。那么，劳动者的合法权利包括哪些呢？

在我国，劳动者享有广泛的权利，诸如就业权、签订劳动合同权、获取劳动报酬权、休息休假权、劳动安全卫生保护权、职业培训权、获得社会保险福利权、提请劳动争议处理权等基本权利。除此之外，劳动者依法享有参加和组织工会的权利，民主管理的权利，参加劳动竞赛的权利，提出合理化建议的权利，从事科学研究、技术革新、发明创造的权利，依法解除劳动合同的权利，对用人单位管理人员违章指挥、强令冒险作业拒绝执行的权利，对危害生命安全和身体健康的行为提出批评、检举和控告的权利，对违反《中华人民共和国劳动法》的行为进行监督的权利等。

在劳动者个人层面，就用人单位和劳动者地位而言，劳动者属于弱势群体，一旦用人单位和劳动者产生纠纷，为保障劳动者的合法权利，《中华人民共和国劳动

法》明确规定："用人单位与劳动者发生劳动争议，当事人可以申请调解、仲裁、提起诉讼，也可以协商解决"。为了保障自己的合法劳动权益，劳动者还要积极做到以下几点。

（1）如遇劳动纠纷，要与用人单位先行协商，摆事实，讲道理

在劳动者维权过程中，协商处理劳动纠纷，是一种双赢的解决方式，不仅有利于化解矛盾，构建和谐劳动关系，而且双方均能在短期内解决纠纷。尤其对劳动者来说，在许多时候都希望自己能在最短的时间内解决问题。这个协商和解程序虽不是必经程序，但是在劳动者维权过程中却是一个解决劳动纠纷的好途径。《中华人民共和国劳动争议调解仲裁法》第四条规定，发生劳动争议，劳动者可以与用人单位协商，也可以请工会或第三方共同与用人单位协商，达成和解协议。根据《中华人民共和国劳动争议调解仲裁法》第五条规定，不愿调解、调解不成或达成调解协议后不履行的，劳动者可向劳动争议仲裁委员会申请仲裁。

（2）要积极加入工会组织，依靠工会维权

工会，即劳工总会、工人联合会。工会是指基于共同利益而自发组织的社会团体。工会组织成立起初的意图，是与雇主谈判工资薪水、工作时限和工作条件等。《中华人民共和国劳动合同法》有 11 个条文赋予工会监督职权。如第四十三条规定：用人单位单方解除劳动合同，应当事先将理由通知工会。用人单位违反法律、行政法规规定或者劳动合同约定的，工会有权要求用人单位纠正。习近平总书记也对工会组织提出了新的时代要求：要顺应时代要求、适应社会变化，善于创造科学有效的工作方法，让职工群众真正感受到工会是"职工之家"，工会干部是最可信赖的"娘家人"。

3. 拿起法律武器，维护合法劳动权利

（1）了解我国劳动法体系，树立依法维权意识

以《中华人民共和国劳动法》为主要内容的劳动法律体系是保障劳动者权益，实现体面劳动的最后一道防线。由各项劳动法律制度及劳动法律规范组成的劳动法体系，是调整劳动关系的法律规范的总和，主要有：劳动合同法律制度、工作时间和休息时间法律制度、劳动报酬法律制度、劳动安全与卫生法律制度、女工与未成年工保护法律制度、社会保险与劳动保险法律制度、工会法律制度、劳动争议处理法律制度、劳动监督检查法律制度等。具体来说，我国的劳动法体系包括《中华人民共和国劳动法》《中华人民

共和国劳动合同法》《中华人民共和国就业促进法》《中华人民共和国社会保险法》《劳动和社会保障部关于确立劳动关系有关事项的通知》《劳动和社会保障部关于非全日制用工若干问题的意见》等实体法律。

知识链接

劳动法体系：
- 《中华人民共和国劳动法》
- 《中华人民共和国劳动合同法》
- 《中华人民共和国就业促进法》
- 《中华人民共和国社会保险法》
- 《劳动和社会保障部关于确立劳动关系有关事项的通知》
- 《劳动和社会保障部关于非全日制用工若干问题的意见》

为了保障劳动者的工作时间和休息休假，《中华人民共和国劳动法》做出了相应的规定：国家实行劳动者每日工作时间不超过八小时、平均每周工作时间不超过四十四小时的工时制度；用人单位应当保证劳动者每周至少休息一日。在元旦、春节、国际劳动节、国庆节以及法律、法规规定的其他休假节日期间应当依法安排劳动者休假；劳动者连续工作一年以上的，享受带薪年休假。如果根据工作需要有加班的情形，也要遵守如下规定：用人单位由于生产经营需要，经与工会和劳动者协商后可以延长工作时间，一般每日不得超过一小时；因特殊原因需要延长工作时间的，在保障劳动者身体健康的条件下延长工作时间每日不得超过三小时，但是每月不得超过三十六小时；在发生自然灾害、事故或者因其他原因，威胁劳动者生命健康和财产安全，需要紧急处理等问题需要延长工作时间不受限制。

（2）通过劳动仲裁等途径，学会依法维权

作为一名中职生，我们不久之后将步入工作岗位，为了保障我们的合法劳动权益，就需要积极了解和学习相关的劳动法律法规及政策，学会依法维权。有的劳动者由于对劳动保障的法律法规不熟悉，不知道该如何维护自己的合法权益，有的劳动者则对劳动法规和政策理解不准确，不知道该如何应用，往往造成提出的仲裁请求高于国家规定的标准，这样不利于劳动纠纷的处理，或者提出的仲裁请求低于国家规定标准，无形中放弃了部分合法权益。所以，当劳动者的劳动权益受到侵害时，要么学习法律知识，要么找法律专业人士去进行法律咨询。总之，一定要及时地了解自己的劳动争议所涉及的劳动法律法规和政策的具体规定，争取做到心中有数，依法维权，理性维权。

（3）运用法律武器，保障未成年人的劳动权益

我们作为职业院校的学生，有时通过顶岗实习、见习等途径也会参与到社会劳动中。为了保护参加劳动的未成年人，法律给予了特殊保护。根据我国新出台的《民法典》规定，十六周岁以上的未成年人，以自己的劳动收入为主要生活来源的，视为完全民事行为能力人。完全民事行为能力人可以自行签订劳动合同，但是对于我们在校生，需要在老师或家长的监护下进行实习或见习工作。用人单位应当对工作岗位上的16～18周岁未成年工定期进行健康检查，不得安排未成年工从事矿山井下、有毒有害、国家规定的第四级体力劳动强度的劳动（第四级体力劳动就是在8小时工作日内，人体的平均能量耗费为2700大卡，净劳动时间为370分钟，相当于高强度劳动，如煤厂的煤仓装煤工等）和其他禁忌从事的劳动。因此我们应当增强法律常识，熟悉相关的法律规定，必要时积极拿起法律的武器保护自己的合法劳动权益不受侵害。在参与顶岗实习或见习过程中树立运用法律保障自己劳动权益的意识，是实现体面劳动、全面发展的重要途径。

案例品读

2020年7月暑假期间，北京某中职学校2018级市场营销专业的学生陈某琳在好友刘某的介绍下去到刘某亲戚家主营的手机卖场进行兼职工作。出于对好友刘某的信任，陈某琳未与用人单位大福手机卖场签订任何合同，只是卖场的主管人员与其口头约定一天给付手机推销费为200元，按月给工资。在陈某琳工作两个月后，该卖场以陈某琳不是其正式员工为由拒绝支付工资，陈某琳多次讨要却屡屡被拒。无奈之下，陈某琳的父母聘请了张律师为诉讼代理人，将大福手机卖场告上了法庭。

张律师认为，被告大福手机卖场在陈某琳为其公司工作期间，没有履行如实告知真实工作信息的义务，并且借助当事人对《中华人民共和国劳动合同法》的无知和对劳动力市场知识的缺乏之机，故意做出虚假答复，通过误导、欺骗获得当事人的信任，从而导致陈某琳在违背自己真实意图的情况下做出错误的意思表示——没有与被告公司签署有效的工作合同，最后大福手机卖场一直以陈某琳不是其公司的正式合同工为由，达到拖欠和拒绝支付原告应得工资的目的。根据《中华人民共和国劳动法》《中华人民共和国劳动合同法》《中华人民共和国民事诉讼法》的有关规定，请求依法判决被告支付所欠原告的两个月工资并赔偿其精神损失费。

但大福手机卖场的代理人却表示，陈某琳之所以来工作，目的是获得一个免费实训的社会实践机会，因为陈某琳在卖场只是实习兼职的身份，所以才没有并入公司的正式

员工之列，所以也没有必要签订正式的劳动合同——这是按照卖场的条文规定来执行的，并没有欺骗之嫌！至于拖欠工资的说法更是无从说起，陈某琳还是在校生的身份，肯定无法签订正式的劳动合同，并且实训的兼职职位在法律范围内，公司是可以不支付任何报酬的。在原告实训期间，卖场反而有向原告收取适当的实训培训费用的权利，但本公司念在原告是在校学生的原因，所以没有向原告收取实训培训费用。这一切，被告在原告工作之前就说明了，但原告当时并未对该工作提出任何要求和进一步了解的意愿，直接答应了被告并直接投入到工作之中。

之后双方针对陈某琳在大福卖场工作期间的身份属于兼职员工还是实习学生这一争论焦点展开举证。最终法院认为被告向原告介绍工作时，身为招聘方并没有主动向原告说明工作性质，并且在原告工作期间也没有向原告具体说明或提醒，造成原告误会工作选择，也应该负起一定的责任。而身为招聘者，没有与相关实训生签订劳动合同，是违背《中华人民共和国劳动法》《中华人民共和国劳动合同法》相关规定的，并且被告的解析不合情理，不予采纳。实习生与单位的正式职工有根本的区别，实习生不可能拥有与正式员工完全一样的待遇。实习只意味着企业给那些即将参加工作的学生提供一个锻炼学习的机会，并不存在着应聘和聘用关系。国家不允许招收在校学生为正式员工，又因为原告还是在校学生，不属于《中华人民共和国民法典》所规定的完全民事行为能力人，不能被招为正式员工，只可以算是实训生。由于实习是一个教学环节，而不是法律意义上的劳动，所以实习生与用人单位不存在劳动关系。实习生也不是一位受《中华人民共和国劳动法》保护的劳动者，所以原告不能要求被告支付工资，但可以要求被告支付实训期间的生活补贴。所以本庭对于原告的诉讼请求不支持。由于双方对各自的行为都存在着意识上的错误，双方都应该负起责任，但被告身为用人单位，应该负更大的责任。

综上所述，依据《中华人民共和国劳动法》《中华人民共和国劳动合同法》，判决被告支付原告实训期间的生活补贴和补贴赔偿，共 5000 元。并且承担 60% 的法庭诉讼费和法律程序费；原告只获得被告支付的实训期间生活补贴和补贴赔偿，并且承担 40% 的法庭诉讼费和法律程序费。

法律小常识：

实习期和试用期是有区别的。第一，含义不同。实习期是指学生在校期间，到单位的具体岗位上参与实践工作的过程，其针对的是在校学生。试用期是用人单位和劳动者建立劳动关系后为相互了解、选择而约定的考察期。实习可以不签订劳动合同，而试用则建立了劳动合同关系。第二，待遇不同。和公司已经签订劳动合同之后，就已经不是实习，与是否拿到毕业证无关，而是属于试用期。根据《中华人民共和国劳动合同法》规定，试用期的工资不得低于同类型正式员工工资的 80%。另外试用的期限也是有规定的，最长不多超过 6 个月，并且只能约定一次试用期。

案例解析

近年来，随着越来越多的中职在校生通过各种途径去社会岗位上参与实习和见习，越来越多的实习陷阱层出不穷。为保护外出兼职时自己的合法权益，我们应该采取相应的权益保护措施：第一，要小心提防不良机构。有专家建议，在校生在找兼职的时候，应该找正式、合格的中介机构，这样自己的权益才能得到最好的保护。第二，学生在兼职期间要保持清醒的头脑。一方面应了解招聘方的实际情况；另一方面，兼职期间应主动要求与用人单位或个人签订合同。在这个案例中，陈某琳就是因为没有问清楚兼职信息，也没有主动要求签订劳动合同才造成了一定损失。第三，我们要加强法律意识。在校生兼职期间与用人单位签订合同的比率很低，反映了在校生法律意识和自我保护意识仍有待增强。

话题探讨

通过对本课的阅读，同学们对于体面劳动有不同的看法。

甲同学说，体面劳动就是有尊严地劳动，从事高大上的工作。像清洁工、快递员这样的工作是无法实现体面劳动的。

乙同学说，体面劳动就是做脑力工作，体力工作不仅累而且收入还低，更无法得到别人的尊重，完全算不上体面劳动。

丙同学说，体面劳动就是能够满足自己的物质生活需要的劳动，只要一份工作可以让我衣食无忧、生活体面就是实现了体面劳动。

你怎么看待以上同学的观点呢？说说你的想法。

拓展学习

1. 观看 CCTV－12 社会与法频道的《法治深壹度》栏目——劳动纠纷诉前化解。

2. 观看甘肃卫视《法治伴你行》栏目播出的金昌法院案例——工伤引发劳动争议 合法权益如何保障。

劳动技能	
怎样切菜	

第二单元

掌握劳动技能

第四课　学会生活技能，奠定人生成长基础

学习目标

1）了解生活劳动的内涵和必备的生活劳动技能与技巧。

2）能够掌握常见的生活劳动技能，并长期习惯性地开展系列生活劳动。

3）培养热爱劳动、勤劳奋斗的人生理念，在劳动过程中善于精益求精、勤于推敲思考以求在生活中树立快乐劳动、劳动光荣的意识。

第一节　家庭生活劳动，做生活行家里手

生活劳动指在生活中进行的劳动，区别于一般生产劳动。无论是在家庭中，在学校中还是在社会中，都可以通过从事一些生活劳动来体会劳动辛苦和劳动的意义，也可以通过生活劳动总结劳动技巧、增强劳动技能、培养劳动意识和提高劳动创造的幸福感。

劳动认知

家庭生活劳动也称家务劳动，是指有劳动能力的家庭成员在日常家庭生活中必须要做的且没有报酬的劳动。家务劳动包括洗衣服、做饭、照看幼儿、清洁卫生、照顾老人或病人等，其中，清洁卫生又包括擦玻璃、擦桌子、扫地、

> **知识链接**
>
> 做事，不止是人家要我做才做，而是人家没要我做也争着去做。这样，才做得有趣味，也就会有收获。
>
> ——谢觉哉

擦地等。

跟父母共同做家务并乐在其中，不但能够克服自身懒惰的坏习惯，还能够增进与父母的交流，营造幸福的生活环境。做家务的好处和意义还有很多。做家务可以锻炼我们独立生活的技能。无论是买菜做饭还是洗衣收拾房间，从简单到复杂，从不会到熟练，无论上学住校还是工作以后独自生活，学会了生活劳动技能，将来我们都是自立自强让家长放心的人。要相信，做家务没有那么难，只要克服懒惰的情绪，很快就能学会，并能达到锻炼自己的目的。那么，我们如何积极参与到家务劳动中去呢？

1. 树立参与家务劳动的意识

人们常说，劳动是伟大而光荣的，没有劳动就无法创造出这个丰富多彩的世界；家庭劳动也不例外，家庭劳动创造了温馨的生活空间和家庭环境。生活劳动一般是简单劳动，包括各种洗衣洗碗、买菜做饭、修理家电等各种家务劳动，也包括农村家庭的简单农耕劳动和协助家庭个体户的买卖等劳动。

我们中职学生正值少年，应该懂得父母持家养家的不易，主动承担一些力所能及的家务。要知道，家务劳动并不是女性家庭成员的专项工作，其他家庭成员更应该主动承担家务劳动。在家里，我们应养成爱劳动的习惯，经常把家收拾得干净整洁，打造一个温馨的生活空间。

2. 在家务劳动中培养家庭责任感

做家务可以培养自己的家庭责任感，我们都是家庭的一员，有学习和分担家务的责任和义务，有赡养父母和照顾家庭其他成员的责任和义务；与家长共同做家务能感受到家庭的温暖和幸福，一家人其乐融融和谐相处也是在为社会做贡献。做家务可以体会到强烈的成就感，每一项家务都是任务，在劳动过程中体会完成任务的成就感，能增强自信心。

3. 掌握家务劳动小技巧

我们怎么才能善于劳动、做家庭劳动的行家里手呢？就是要在家务劳动实践中发现可以节省时间、提高效果的小技巧。例如，擦窗户玻璃的时候，如果直接用湿抹布擦，会发现干了后的窗户玻璃变得更脏。我们可以先用喷上清洁剂的报纸擦，再用干净的报纸抹干，这样就可以把窗户玻璃擦干净。住在高层的我们还可以买一些工具帮助我们擦外面的玻璃。洗碗的时候，可以用泡过的茶叶包擦碗，油渍会很容易被清除。洗瓶子的时候如果瓶子的口很小不好清洗，可以将瓶子里倒上洗米水和一些生米粒，然后摇一摇，瓶子内部就洗干净了。做饭的时候如果冷藏肉解冻需要很长时间，可以把肉泡在盐水中，肉就能快速解冻。清洗泛黄的白色衣服时，可以加一些柠檬到热水里泡一会儿衣服，衣服就变白了。清洗马桶的时候，里边的尿渍实在不好刷干净，可以用碳酸饮料泡一晚再冲水，马桶就会干净如新……只要你做家务的时候多多采纳家务劳动小技巧，都可以提高家务劳动效率和生活品质。

案例品读

三百六十行，行行出状元。同学们听说过一个新兴职业叫作衣橱整理师吗？衣橱整理师是从日本兴起的，顾名思义就是专业帮家庭整理衣橱的职业，据说月收入过万。

整理衣橱本来是家务劳动，怎么演变成为一种职业了呢？仔细想想不难发现，爱美之心人皆有之，随着人们生活水平的提高，尤其是城市人生活习惯的变化，人们家里会常备一年四季各种场合的服装，而各家各户盛放衣物的衣橱不尽相同，房间比较多比较大的家庭甚至专门装修了衣帽间。但是由于人们工作辛苦，疏于整理，就会出现这样的画面：面积不大的卧室里，化妆品、书、各种包装盒零乱地铺满了桌面，衣柜的角落、椅子上和床边随意地、乱七八糟地扔着舍不得扔的旧衣服、来不及洗的脏衣服、没摘吊牌的新衣服和经常穿的各种衣服……这就是很多懒人的卧室，也是衣橱整理师经常面对的场景。衣橱整理师的工作就是根据顾客的需求来规划整理衣橱，让衣物摆放整洁而取用方便。而衣橱整理师就根据每次整理的规模和效果来付出劳动，换取报酬。

案例解析

同学们，你会花钱请专人来做家务吗？比如请小时工洗衣做饭，请保姆照看孩子，请衣橱整理师整理衣物？当前对于很多家庭，这些家务都是由家庭成员自己完成的，甚至维修水管暖气这样的事务也都是亲力亲为。可能大家还不太理解，为什么家务还可以请人来做？衣橱整理师之所以能够兴起，正是满足了一些有经济能力，但没有时间或精力处理家务的人群的需求。从一方面来说，会做家务、能把家务做得够专业，可以成为以后谋生的技能；从另一方面来说，家务劳动同样是具有价值的，如果我们自己能够做好家务就等于给自己节约了一笔开支。同时，我们通过自己的双手把家里收拾得干净整洁，也给自己带来一份愉悦美好的心情。

话题探讨

很多社会学家特别关心家务劳动的性质问题，有的社会学家认为家务劳动不属于社会生产劳动，不创造价值，是女人婚后尤其是做母亲之后应尽的职责和义务，是作为丈夫的男人理应获得的一种享受；而有的社会学家则认为，家务劳动不仅属于生活劳动，还可以属于社会生产劳动。

甲同学说，家务就是生活劳动，一家人在一起各有分工，比如爸爸擦地、洗衣，妈妈买菜、做饭，孩子洗碗、擦桌子，共同付出，这个家庭才有爱，才幸福快乐。

乙同学说，刚才老师讲的案例就是属于生产劳动，如果家务做得好以后也可以靠做家务养活自己；现在我在家里做家务，家长还会给我报酬，他们用这种方式鼓励我多参加家务劳动。

你是如何看待家务劳动的呢？谈谈你的观点。

第二节　学校生活劳动，做校园劳动标兵

最近同学们被一门选修课深深迷住，纷纷在网上"秀幸福"。原来，这是一门生活劳动实践类课程，而且是边学边实践。你瞧，宿管老师变身培训师，先传授劳动原理，再指点劳动妙招。最后通过劳动实践，同学们轻松学会收纳整理、手工缝补、叠被子等生活技能！这不仅解决了同学们在校生活时宿舍不善整理、衣服洗不好等棘手的生活问题，更是让同学们生出"我是生活小能手"的种种小幸福。

其实，学校是中职学生除了家庭之外待得最久的地方。同学们在校期间除了要掌握出色的专业技能，更要学会各类生活技能。这是锻炼自己独立自主能力、彰显自立自强品格、养成良好生活习惯的大好机会。作为一名中职生，精彩的生活怎能少了学校生活劳动的添彩助力？下面就让我们探知学校生活劳动吧！

劳动认知

学校生活劳动，是学生生活技能的重要组成部分。相对于家务劳动而言，它包括个体性学校生活劳动和集体性学校生活劳动两部分。个体性学校生活劳动包括就餐、穿衣、内务整理、衣物清洗等个体参与校园生活时常见的劳动。集体性学校生活劳动包括宿舍卫生打扫、教室布置、校园美化等学生参与校园集体活动时的劳动。现如今，为贯彻落实生态文明建设的要求以及文明校园的创建，同学们在学校生活劳动中更加重视垃圾分类、绿色消费、节俭用餐、文明语言等良好生活习惯的培养。

为什么说做好学校生活劳动很重要呢？

首先，学校生活劳动是同学们宝贵

知识链接

教育即生活；学校即社会。

——约翰·杜威

生活即教育。　——陶行知

的学习生活技能的大舞台，是新时代公民道德建设的实训场。在学校生活劳动中，你可以在内务整理、教室建设等劳动实践中体会自立自强，学会尊重他人的劳动成果，增强集体主义责任感，培养社会公德意识，为成为一名德智体美劳全面发展的社会主义建设者和接班人做好准备。

其次，学校生活劳动是培养良好职业行为习惯的基础。学校生活劳动的具体要求能让同学们学会从细节入手、从小事做起，掌握基本劳动规范。一些自理能力较弱、行为习惯落后的同学更多地参与到集体性学校生活劳动中，可以帮助慢慢改正拖沓、懒惰的习惯。“上学如上班，上课如上岗”，校园生活劳动中养成的良好行为习惯有助于同学们走入工作岗位时，尽快适应企业的各项管理要求，展现良好职业素养。

那么，我们如何参与到学校生活劳动中去呢？

1. 做好卫生劳动，齐心协力维护整洁校园环境

在学校，大家最常做的劳动有卫生劳动，如宿舍卫生劳动、教室卫生劳动、校园环境卫生劳动等，包括擦拭桌椅、擦拭玻璃、清扫地面、清除校园杂草、垃圾分类处置等，还有帮助老师打扫办公室卫生、打扫图书馆卫生、整理体育器材等。

围绕学校生活劳动，学校出台了一系列的规范条例，将劳动区划分为室内部分和室外部分，制定了相关卫生清扫标准和考核办法，这些都是为了更好地组织同学们开展卫生劳动。劳动的方式一般是以班为单位，划分为小组轮流进行。同学们在劳动过程中学会团结互助，学会合理安排时间，学会分工协作。大家在美化校园环境过程中体验劳动的乐趣，感受劳动的氛围，树立劳动的意识。同时，同学们开展学校生活劳动时，也要注重规律性、标准和技巧，学会巧干，齐心协力维护校园环境整洁美好。

2. 积极勤工俭学，发挥专业技能，参与校园实践劳动

勤工俭学是由学校组织的或学生个人在上学期间从事的有酬劳动，用以助学。一些学校建有劳动基地，如种植蔬菜的责任田、定期整理的展厅和图书室等；也有学校设有专项的劳动教育活动，如值周、手工制作体验、清理卫生死角、叠被子、大扫除等；还有学校根据实际需要设有勤工俭学项目，如食堂盛饭刷碗、菜鸟驿站收发快递、校内超市收银售货、车辆清洗保养等，这些项目在给同学们提供劳动机会的同时，也给有需要的同学提供一些生活补贴。

案例品读

为了更好地开展学校生活劳动，某中职学校专门设立了值周制度。每周安排一个班级接受为期五天的劳动实践教育。参加劳动实践的班级同学，每人身穿一个红色马甲便于师生识别和寻找，所以大家亲切地称他们为“红马甲”。每天早晨8点，值周生按照学校要求，准时到指定地点集合，分配劳动内容，无论大雪节气寒风凛冽，还是酷暑时节艳阳高照，值周生们从来都是面带微笑，礼貌待人，认真工作。值周班的劳动内容主要是校园环境维护和帮助老师完成临时性工作，很多值周班都自发研究制定了值周口号和一系列具体举措，也会有专门的老师负责组织和检查劳动效果，对于一周的劳动内容予以成绩和学分认定，并对表现突出者进行表彰和鼓励。

有的班级制定了“责任在我，快乐值周”的口号，以“存好心、说好话、做好事，知恩情、重恩义、报恩德”为行动指南，成立了以班长为组长、以年度“值周之星”为成员的巡查小组。班长做全面部署安排，巡查小组负责检查评比通报。巡查小组对值周小组区域全天候督查、及时通报、督促整改，每天评选出“微笑之星”“文明小组”等先进个人和小组并进行表彰，激励同学们不断强化责任意识和固化快乐工作理念。

案例解析

“红马甲”是一种标志，也是一份荣耀，穿上红马甲，同学们的责任心顿时满满，变得懂礼貌肯付出。每天下来，同学们的感触都很多，大家说：“快乐是一瓶香水，不是泼在别人身上，而是洒在自己身上”“在值周的时间里，我们懂得了劳动的快乐，也让我们重新认识了自己”“无论自己是否在值周，都要真正把学校当成自己的家，树立主人翁意识，主动维护学校的环境卫生和良好形象。”每个班的同学从第一次经历值周时的漫不经心到现在的处处用心，从一个小小口香糖的清除到垃圾桶的擦拭再到房顶上长期遗留垃圾的清理，互相督促养成良好的行为习惯，在这个过程中，大家的集体观念也在不断地强化。绳锯木断，水滴石穿，相信通过学校生活劳动的锻炼，同学们在以后的人生道路上，能够发扬吃苦耐劳的优秀品质，坚忍不拔，勇往直前。

话题探讨

很多学校都开展校园环境劳动实践活动，但也有一些学校把劳动作为学生学习表现不好的惩罚，如有的班级规定如果违反某条纪律就要罚打扫教室或者打扫宿舍。

甲同学说：一屋不扫，何以扫天下？在学校上学哪有不劳动的？不但要积极主动打扫卫生争创优秀，自己也应该争做劳动标兵，打扫卫生不合格自然应该接受惩罚或扣分。

乙同学说：劳动应该是轮流安排，不能一犯错就用劳动来惩罚，这样打扫卫生的效果也不会好，同学们应该自己制定惩罚措施，但不一定是打扫卫生。至于劳动，我也觉得是每个同学都要做的，有的同学太懒不做劳动那肯定是不对的。

校园生活劳动，贵在持之以恒与及时有效。针对以上同学的说法，你能谈谈自己的看法吗？我们怎样才能在校园里形成劳动光荣、人人争做劳动标兵的氛围，你有什么好的建议？

第三节　社会生活劳动，做一专多长人才

社会不同于校园，社会生活劳动的内容比家庭和学校生活劳动的内容要广泛得多。人是社会性动物，人类的情感、认知、行为不知不觉受到社会和群体的影响。社会生活中我们离不开与人合作、沟通、交流。中职生在即将走向工作岗位之前，通过到企业见习或者实习等途径了解掌握一些基本的社会生活劳动技能，可为今后走向社会奠定良好的职业发展基础。

劳动认知

社会生活劳动，主要是指个体在步入社会后，尤其是在日常社会交往中，需要了解并掌握的一些社会生活技能。比如，进入职场后要学会打印、复印、主动维护办公环境干净整洁等。

> **知识链接**
>
> 人在本质上是社会性的动物。
>
> ——亚里士多德

掌握基本的社会生活劳动技能，对我们个人的职业发展非常重要。人作为一种生活在社会中的高级动物，同时具有自然属性和社会属性，人的社会生活离不开社会思维、社会影响和社会关

系。如果一个人不具备社会思维，不了解社会形势，不懂得社会行为，不善于建立个体与社会的联系，那么他在社会中的发展就会处处受到掣肘，个人职业生涯发展受到制约，甚至产生才华横溢、满腔抱负却无处施展的错觉，其实很重要的一点是他没有学会如何在社会中生存发展。

那么，作为中职生，我们如何从现在开始学做一名优秀的社会人呢？

1. 发挥专业优势，参加社会生活劳动

同学们可以参加一些跟专业相关的社会劳动，体验将理论知识融入社会实践中的乐趣，同时检验自己的学习效果，提升专业核心素养。例如，信息技术类专业的同学可以到社区免费维修电脑，学前教育专业学生可以到幼儿园表演节目或组织幼儿开展活动，财经商贸类专业学生可以开展引导、解说、会议服务等社会实践，或者利用学校提供的服务岗位，帮助办公室老师完成一些日常行政工作，这些社会实践劳动对我们应用专业知识、提升专业技能有很大的帮助。

2. 利用顶岗实习、毕业见习等途径，锻炼社会生活能力

作为一名在校生，参与社会生活劳动常见的途径是到企业顶岗实习，这是相对直接接触社会的渠道。刚踏上工作岗位的我们，可能会感觉到迷茫和困惑。我该做些什么？我能做些什么？我怎样才能做好？这是同学们常见的困惑。除了专业技能上，我们可以多向身边的前辈学习请教之外，日常职场工作方面也要主动承担相应劳动，如公司举行会议要学会提前准备会场，做好会务服务；主动承担办公室日常打印、复印、取送文件等任务，学会使用打印机、复印机；每天早点到公司，给办公室打好开水，主动维护办公环境公共区域的干净整洁等，做一个有“眼力见儿”的职场新人。

3. 参加专项社会生活劳动，认识自我价值

中职生在步入社会前，只要是力所能及的劳动都可以多参加、多锻炼。社会生活劳动有助于我们成长锻炼，提升自我认知，认识自我价值。新时代的劳动不仅有职场劳动，还有专项社会生活劳动。很多职业院校学生利用寒暑假去企业打工实习，通过各类社会组织参与社区村镇的管理服务工作，协助社区做好新冠疫苗登记接种工作等，这些真实的社会生活劳动让我们能深刻地体验社会角色，发掘自我价值，弘扬服务他人、贡献社会的正能量。

案例品读

2020年初，新冠肺炎疫情突发，各社区、村镇在党支部带领下积极开展防疫工作。很多中职学校的学生在做好自我防护的情况下，也积极投入到这场抗击疫情的活动中去。他们虽然年龄小，但干起活来一点也不含糊，比如帮助居委会的工作人员核对人员信息、制作和发放小区出入证；参与定时消杀劳动，协助组织进行核酸检测，协助社区做好隔离人员进出登记等；为隔离的社区居民和村民采购生活必需品和防疫物资；发挥信息技术专业优势，协助村委会录入防疫报表数据，整理设计防疫台账；发挥擅长Excel和Word编辑的优势，协助社区完成核酸检测数据采集和统计工作；利用所学的计算机知识帮忙录制播音稿，转换音频格式以适应播放设备要求，身体力行进行宣传教育，指导居民严格遵守防控举措，为大家加油打气。

他们的举动得到了大家的纷纷点赞，在这样的特殊时期，他们展现出了新时代青年的责任与担当。他们用这种特别的方式送给了自己一份难忘的成人礼。

案例解析

作为一名中职生，我们不仅要学习掌握专业技能，更要积极参与社会生活劳动。社会是个大熔炉，只有真正经历过社会锤炼敲打的人，才能百炼成钢，成人成才。首先，在校期间我们要学会与同学、老师相处，提升沟通能力，在宿舍、班级、学生会等活动中都要善于交往，营造和谐人际关系。其次，利用企业顶岗实习的机会，了解职场生活，掌握职场基本生活技能，为未来的职业发展打下良好基础。最后，积极参与社区公共服务等社会生活劳动，比如社区环境美化、打扫卫生、组织疫苗接种及现场服务等，在奉献他人、服务社会的过程中锻炼自己的社会生活能力。

话题探讨

“一生之计在于勤，一勤天下无难事”。社会生活劳动是我们成长过程中必须要学习并付诸行动的。中职学生走出校园参与社会生活劳动，应树立“幸福是奋斗出来”的思想，养成热爱劳动的习惯。中职学生参加社会生活活动，你认为最有意义的是什么？是体验社会，是勤工俭学，是了解职业，是奉献价值？说说你的观点。

拓展学习

1. 登录“中工网”官方网站，单击“人物”栏，一起感受劳动模范的引领作用吧！

2. 学习习近平总书记《在全国劳动模范和先进工作者表彰大会上的讲话》。

3. 观看央视网人物专栏：《人物·故事》全国劳动模范。

劳动技能	
怎样炒菜	

第五课　认识生产劳动，体悟劳动创造价值

学习目标

1）了解农业、工业、服务业生产劳动的主要内容和方式。

2）能够结合所学专业在实践中开展专项生产劳动体验。

3）在学习实践中深刻体悟国家三大产业的发展，并结合自己所学的专业，树立符合自身实际的职业目标。

第一节　建设农业大国，体味农耕为本

生产劳动是创造财富和价值的劳动。迄今为止的价值创造及其运行均以商品生产为中心，本质上都是在全面提供技术条件和物量关系的基础上，在劳动过程和社会生产过程之间建立直接联系，促进劳动和生产的社会结合。

教育部印发《教育系统“制止餐饮浪费 培养节约习惯”行动方案》后，很多学校创新劳动教育方式，走出课堂、走向田间地头、走向农业实践基地，广泛开展实践体验活动。方案要求城市中小学每个学期至少安排一次农业生产劳动，农村中小学校要因地制宜开展种植养殖体验，探索在食堂建立育人实践基地。“广阔天地，大有作为。”这一切做法的目的都是让我们通过社会实践和劳动体验切身感受食物的来之不易，深刻体悟“谁知盘中餐，粒粒皆辛苦”，真正形成尊重劳动和爱惜食物的思想意识，不做“四体不勤、五谷不分”的人。

劳动认知

农业属于第一产业，是提供和支撑国民经济建设与发展的基础产业。农业是利用动物和植物的生长与发育规律，通过人工培育来获得产品的产业，获得的产品都属于农产品。农业的劳动对象是有生命的动物和植物，获得的产品是动物和植物本身，其中植物包含植物的花朵和果实。

农业劳动是最基本的生产劳动，没有农业劳动，就没有农业的存在与发展，也就没

有整个国民经济或社会存在与发展的基础。那么，我们如何走近农业劳动，了解农业劳动呢？

1. 农耕劳作精细辛苦，传承发展农耕文化

首先，了解绿色生态、有机种植的理念。“面朝黄土背朝天”是农民劳动的真实写照，虽然现在已经是机械化、信息化的高科技时代，已经有机器人代替人从事农耕劳作，但现在也有很多城市人喜欢从事农业劳动，认为自己种的菜更营养，认为参与劳动的过程更有幸福感。其次，体味传统农业文化。我们中职学生可以在参与农耕劳动中感受农业劳动的特色，比如撒播种子、浇水施肥、采摘果蔬等。再者，我们还可以参观各类农业博物馆、植物园。在参观过程中了解我国乃至世界农业文化的发展历程，了解劳动工具和种植技术的演进，感受农业，亲近农业。

2. 尊重农民爱惜粮食，培养日常节约粮食的习惯

2019 年 4 月，霍启刚和郭晶晶夫妇带着孩子去农村体验了一次插秧，还在微博晒出了照片。霍启刚在微博上表达了体验插秧的收获，呼吁改掉孩子们挑食和浪费的习惯，表达了需要让孩子们知道粮食从哪儿来，学会珍惜粮食，学会知足常乐的教育观念。很多学校设立了劳动教育实践基地，学生可以参与到学校或者家庭的蔬菜、谷物种植中，在亲身参与劳动的过程中体会“一粥一饭当思来之不易，半丝半缕恒念物力维艰”。我们学生经常在食堂吃饭，也会遇到饭菜不合胃口的情况，这时候你是怎么做的呢？是直接倒掉还是把它吃完呢？“谁知盘中餐，粒粒皆辛苦”，要知道一颗种子从播种到发芽，从拔节孕穗到收入粮仓，中间经历了多少辛苦和汗水！相信你应该知道怎么做了吧。

3. 认识农业的基础地位和作用

我国是农业大国，农业对保障国家粮食安全的重要性在相当长时期内不会减弱。我们这一代人基本衣食无忧、吃穿不愁，或许没有体验过食不果腹的艰难。经过十几年的发展，我们国家人民温饱问题早已解决，这离不开“世界杂交水稻之父”——袁隆平院士。1975 年之后的十年时间里，我国通过大面积推广种植杂交水稻，累计增产稻谷千亿公斤以上，总产值增加上百亿元。杂交水稻的种植为我国取得了巨大的经济效益和社会效益，极大地推动了国民经济的发展。袁隆平院士带领团队在杂交水稻种植方面不断创新突破，不仅解决了国人的温饱问题，还推广走向世界，帮助非洲解决了当地粮食产量问题，为农业发展做出了重大突破，创下了高产量的纪录。

案例品读

“去年已采摘6~7茬，实现亩均净收入2500元!”对于一个农民来说，种菊花能有这样好的收入是出乎意料的。58岁的王某2018年开始种植万寿菊。“只种了2亩多，就拿到了6000多元”，在2018年之前，他和这里的大多数村民一样，小麦、玉米、土豆一直是其种植的主要农作物，投入大，产出低，家庭收入微薄。如何依托当地农业的实际情况，发展有特色的作物种植，当地政府将目光投向了万寿菊种植。

据了解，万寿菊是一种一年生菊科草本植物，春夏播种，一年花期近6个月之久，可采摘5~6茬。其主要特点是花大、花期长，对土壤要求低，同时集观赏、药用、食用、环保等经济价值于一身。

刚开始，村民的种植积极性并不高，将自己种了好多年的玉米、小麦等作物改种花，大多数人还比较犹豫。为提高群众积极性，当地组织镇村组及帮扶干部多次进村入户，与农户面对面核算万寿菊种植收入账，宣讲万寿菊产业扶持政策，点对点开展针对性服务指导。“我们多次组织农户代表赴兄弟乡镇武沟乡实地参观学习，了解种植收益情况，提高农户种植积极性。”

采取“农户订单种植、公司保护价格收购”的方式，建成2000亩万寿菊示范点，落实种植面积0.7万亩，带动665户农户栽植万寿菊2335亩。当地投资68万元新建万寿菊鲜花收购站1处，按照订单价0.95元/公斤收购鲜花。“农民只要将采好的菊花拉到收购站，过完秤就可以拿到钱，非常方便”。镇政府2018年以来已邀请技术人员深入村组开展栽植技术培训30场次，同时新建婚纱摄影、观景平台、农家乐各1处，解决群众鲜花交售、技术缺乏、产业单一问题。为发展万寿菊产业，当地近两年出台一系列鼓励举措。对于种植万寿菊的农户，每亩给予200元种苗费、每亩政府补助保险7.5元、1袋有机肥、1卷农膜，共计400元政策扶持资金。如果当年绝收，通过保险每亩就能理赔1500元，降低了广大农户种植风险。

现如今，依托万寿菊种植基地，当地已举办集体婚礼、万寿菊采摘比赛、书画艺术交流、“万寿菊杯”广场舞选拔比赛为主题的文化旅游艺术节。“旅游+”理念延伸产业发展链条，以“特色种养+旅游观光”发展模式，全力打造万亩万寿菊旅游观光园。目前，全镇万寿菊产量已突破5000吨，创造收入475万元，人均收入6000元以上。

案例解析

2021年2月21日，中央一号文件正式出炉，主题是“全面推进乡村振兴加快农业农村现代化”。把乡村建设摆在社会主义现代化建设的重要位置，全面推进乡村产业、人才、文化、生态、组织振兴，走中国特色社会主义乡村振兴道路，促进农业高质高效、乡村宜居宜业、农民生活富裕富足。当地农民种植万寿菊取得的良好的经济效益。在传统粮食作物类农业种植的基础上，当地农村发展种植万寿菊，并打造了“特色种养＋旅游观光”发展模式，为农民们带来了可观的经济收益。事实证明，农业劳动在推动我国经济发展中起着重要作用。

话题探讨

我们中职学校的学生有一部分来自农村，有的同学父母外出打工或自己做买卖，也有很多同学的家长在家乡务农或者经营自己的农产品公司。关于农村家庭怎样发家致富同学们有了不同的说法。

甲同学说，要想富、先修路，修路走到外头去。农村人就应该到大城市去打工挣钱，大城市机会多，可选择的工作种类也多，我们农村人现在也是有知识有文化的，无论从事体力劳动还是脑力劳动都可以发家致富。

乙同学说，我国是农业大国，农民是备受国家重视的，农民可以留在农村进行农作物耕种和畜牧业养殖，现在网络直播这么发达，通过直播销售也可以挣钱。

丙同学说，农业劳动可以保障生产和生活，农产品生产可以引进科技创新，我们可以开设和经营自己的农产品公司，创造更多的价值和利润，现在有很多城市居民和大学生都回乡创业，从事农业劳动，我觉得农业很有发展前景。

你怎么看待以上同学的观点呢？说说你的想法。

第二节　打造工业强国，助力中国制造

一直以来，中国产品以物美价廉的标签风靡世界，作为世界上排名前列的贸易大国，我国的制造业创造了巨大的经济效益，在国家综合国力提升中发挥着重要作用。随着世界范围内工业化的推进，我国制造业也面临着转型升级的重要任务。

劳动认知

工业属于第二产业，分为轻工业和重工业两类，是对自然资源的开采和对各种原材料进行加工的社会物质生产部门，以加工制造业为主。工业决定着国民经济现代化的速度、规模和水平，在各国的国民经济中起着主导作用。

工业为国家国民经济各个部门提供原材料、燃料和动力，为人民物质文化生活提供

工业消费品；它还是国家财政收入的主要源泉，是国家经济自主、政治独立、国防现代化的根本保证。所以工业劳动是生产劳动的重要方式。我们中职学生是今后我国向工业强国进军的后备军，责任重大，即将进入生产、服务、技术等第一线工作。在学习过程中，我们应加强职业意识的自我培养，充满对未来所要从事职业的热爱，致力于在该职业领域奉献自己的力量。

1. 精益求精锤炼专业，提升专业技能

质量是企业的核心竞争力，是获得客户青睐的法宝。生产质量源于员工对工作的态度，企业只有拥有爱岗敬业、专业素养过硬的员工，才能实现长远发展。所以我们中职学生应该在实训课上严格要求自己，精益求精学习专业知识，反复磨炼提升专业技能，培养自己“干一行爱一行”的劳动精神，养成吃苦耐劳、团结合作、严谨细致的工作态度。

2. 踏踏实实从基层做起，培养责任意识

虽然中职学生年龄尚小，但也要树立责任感，培养责任意识，做一个爱岗敬业的好学生。无论是在专业学习上，还是在生活中，或是在岗位技能训练中，时时要以工匠精神要求自己，从小事做起，从基础做起，踏踏实实，兢兢业业，做一个热爱学习、热爱生活的好青年，在以后的工作岗位上做到知行合一。

中国成为制造业强国，不仅是已经步入职场的职业人的职责使命，更需要作为未来的准职业人员的中职生群体的共同努力。具有责任意识和脚踏实地精神的中职学生才能更好地立足于社会，在未来的职业道路上走得更高、走得更远，拥有更强的核心竞争力。

3. 脚踏实地工作创新，爱岗敬业争创一流

爱岗敬业重在“爱”和“敬”，“爱”是对岗位和职业的热爱之情，“敬”是对岗位和职业的尊敬之心，“热爱”与“尊敬”相互促进，是成就事业重要的推动力，是奋斗路上战胜困难的强大原动力，更是执着于事业追求的必要支撑力。争创一流重在“争”和“一流”，强调的是肯学肯干肯钻研，练就一身真本领，掌握一手好技术，力争做出一流贡献。广大劳动者只有做到爱岗敬业、争创一流，才能成长成才，才能在劳动中成就不一样的事业，锻造不一样的情怀，实现不一样的人生。艰苦奋斗是中华民族的优良传统，即在劳动实践中，拥有不畏艰难、锐意进取的钢铁意志，展现坚忍不拔、顽强拼搏的精神风貌，保持艰苦朴素、勤劳节俭的生产生活作风。无论是革命战争年代还是和平建设时期，“淡泊

名利、甘于奉献”始终是一代又一代劳模的本色和追求。他们不辞辛苦、甘愿付出，不求索取、不为名利，彰显了报效祖国、服务人民的崇高追求和高尚品质。

案例品读

2016 年 10 月 8 日 7 时 20 分，在持续 26 个小时的施工作业后，世界最长的跨海大桥——港珠澳大桥曲线段 E33 沉管安装成功，大桥海底隧道与东人工岛实现对接。港珠澳大桥全长 55 公里，是迄今为止世界上总体跨度最长、钢结构桥体最长、海底隧道最长的跨海大桥，开创了世界桥梁建设领域的多个第一，被英国媒体《卫报》称为“现代世界七大奇迹”之一。这座历经 14 年之久打磨而成的中国桥梁工程之剑，拥有了太多的世界第一：世界最长的钢铁大桥、世界最长的跨海大桥、世界最长的海底隧道、拥有世界上最重的沉管隧道、最深的沉管隧道、世界上最精准的海底对接……港珠澳大桥建成的意义被概括为连接港珠澳三地的明星桥，三地经济的融通桥，桥梁工程建设的名片桥。港珠澳大桥不仅是中国桥梁的最先进水平，更是全世界海底隧道跨海大桥的最先进水平。这意味着，港珠澳大桥中所蕴含的工程技术也是全世界最先进的技术。

国家海洋环境预报中心为港珠澳大桥专门设计研发的测量海流、盐度等的大型设备，比丹麦的设备先进得多：丹麦的设备系统每小时预报一次，中国的设备每分钟预报一次；丹麦的设备预报精度以米计算，中国的设备系统则精确到厘米。这种大型设备成本价为 3000 万人民币，目前国际市场价为 5000 万欧元，12 倍的价值增长完全来自国际顶尖的内核技术。

欲强中国工业，必强中国工业设计，必强中国工业技术创新，必调整中国工业产业结构。将中国工业企业重点资源投入到产业链顶端的工业设计研发板块，中国制造业才能由大变强，才能在世界工业之林占有一席之地。港珠澳大桥就是一个工业设计技术全面创新的典型成功案例。

案例解析

中国制造是什么？中国制造（Made in China，Made in PRC）是世界上认知度最高的标签之一，因为快速发展的中国和其庞大的工业制造体系，这个标签可以在广泛的商品上找到，从服装到电子产品。中国制造是一个全方位的商品，它不仅包括物质成分，也包括文化成分和人文内涵。中国制造在进行物质产品出口的同时，也将人文文化和国内的商业文明连带出口到国外。中国制造的商品在世界各地都有分布。从“中国制造”到“中国创造”，中国正改变世界创新版图。

话题探讨

李克强总理曾说：“我们要打一场制造业的‘攻坚战’，用先进标准倒逼‘中国制造’升级。”

你认为在世界工业转型升级的过程中，我们能向发达国家学习借鉴些什么呢？

第三节　树立服务理念，提升服务意识

服务业属于第三产业，提供服务所产生的劳动成果是无形的。在人类社会的发展中，物质生活水平越来越高，当物质生活水平达到一定程度，人们就要追求更高层次的精神需要并想要接受对应的服务；也就是说人们不再满足于基本的生活需要，而是更加重视个性化的体验和服务，对服务的要求也就越来越高。

劳动认知

服务劳动就是第三产业的劳动，服务劳动是劳动者在从事服务生产和经营活动过程中，运用特定设备和工具，直接满足消费者对服务产品的需要的劳动。服务劳动有广义和狭义两种概念。广义的服务劳动把社会的分工与协作都看成彼此提供服务。狭义的服务劳动同农业劳动、工业劳动和商业劳动等专业劳动相并列，是社会分工的产物。

服务劳动有两个特点：第一，大多不凝结在某种实物上，没有物化的结果。例如，旅店的劳动者为接待旅客住宿，付出一定的物质消耗和活劳动的消耗，使旅客的需要得到了满足，但没有留下任何实物，这是典型的服务劳动表现。第二，一部分服务劳动在为消费者提供服务后，物质消耗和活劳动消耗也物化在一定的实物上，但不表现为实物产品的售卖，而表现为一种劳动交换活动。例如，成衣店为顾客加工衣服，走街串巷的木工为顾客制作家具，弹棉花的工人为居民加工棉被等。

1. 争取认识服务内容，提升服务意识

农业劳动和工业劳动都能够生产出看得见摸得到的产品，而服务劳动产生的是服务对象的感受和效果，是看不见、摸不到的，更注重接受服务者的内心变化。第三产业在我国国民经济所占比例越来越大，发挥的作用也越来越大，商务服务业已成为拉动经济发展的重要力量。加快发展商务服务业，积极开发新的服务渠道和服务产品，提高服务质量，降低服务成本，扩大服务消费规模，提高服务业的比重，

可以有效减少经济增长对资源的消耗及对环境的负面影响，对于节约能源、提高资源利用效率具有重要意义。

服务意识是劳动者在与服务对象接触过程中所体现出来的为其提供热情、周到、主动的服务欲望和想法的主观能动性，也就是主动做好服务的观念和愿望。服务意识是发自提供劳动服务的人的本心的。服务意识有强烈和单薄，主动和被动之分。而服务的这些意识都来自于人们对服务内容的认识深浅，强烈的服务意识来自于展示个人才华、体现人生价值的观念和热爱工作、无私奉献的精神；服务意识是可以培养和训练出来的。所以部分人认为服务就是伺候人的活儿，这个说法是有失偏颇的。

2. 全面认识服务对象，提高服务水平

全面认识服务对象的特点，正确理解服务对象的需求和情绪等，都能够提升服务劳动水平。服务业按照服务对象可以划分为：一是生产性服务业，包括交通运输、批发、信息传输、金融、租赁和商务服务以及科研等，具有较高的人力资本和技术知识含量；二是生活（消费）性服务业，包括零售、住宿、餐饮、房地产、文体娱乐、居民服务等，属于劳动密集型行业，与居民生活息息相关；三是公益性服务业，包括卫生、教育、水利和公共管理组织等。所以全面认识三类服务业就可以把我们的劳动服务对象进行划分和确认，通过全面认识服务对象在这一领域的服务需求，有利于我们提高服务水平。

案例品读

2020 年 11 月 24 日上午，全国劳动模范和先进工作者表彰大会在北京人民大会堂隆重举行。会上，党中央、国务院授予 1689 人全国劳动模范称号，授予 804 人全国先进工作者称号。在接受表彰的 1689 名全国劳动模范中有 21 名邮政员工，其中山东省泰安市邮政分公司营业局投递员宋现生（原名宋宪臣）是全省邮政唯一一名受表彰者，也是邮电分营以来泰安邮政首次获得的最高荣誉。宋现生，男，汉族，1966 年 12 月出生，中共党员，是中国邮政集团有限公司泰安市分公司营业局的一名山路投递员。24 年前，被分配到泰安市唯一的泰山邮路上，成为一名徒步登泰山送邮件的邮递员。每周二、四、六把泰山沿线直到泰山极顶的各种邮件送达到每位客户的手中，是一名名副其实的泰山“勤务员”。

宋现生的家住在离市区较远的农村，每天凌晨五点多，他骑摩托车从家中出发，途经25公里，需要大约一个小时的时间才能来到单位。每天上下班路上，他总是披星踏日，高歌相伴。宋现生每天的工作就是将投送的报纸、杂志和各种邮件进行分拣，然后放进自己的两个邮包，登上泰山的盘道，每天邮包都重达30多公斤，特殊情况时会重达40多公斤。登临泰山对天下游客来说是多么的惬意，但对宋现生来说，登山意味着责任和信任。宋现生经常对同事们说："为人民服务，就要不怕累，坚持、坚持、再坚持。"他背着重重的邮包，一步步、一台台，踏踏实实地往上走。刚开始的时候，不到30岁的他一趟下来腰酸背疼，真的有点吃不消，有一段时间他也想过退缩，"太累了，不干了……"，这种念头曾多次在心里打过转，是妻子的鼓励让他沉下心来，踏踏实实地在泰山邮路上一干就是24年。24年，磨烂了200多双鞋子，徒步上下泰山8500余次，上下台阶10970万次，累计行程17万多公里。"受点累算什么，咱没有大学问，咱就有一身的力气，力气不会使没的，好好睡一觉就好了"，他用朴实的话语，用他的足迹诠释着誓言。

24年的工作中，下大暴雨、刮旋风、下大雪，甚至山体滑坡，这样惊险的时刻有许许多多。一年夏季的雨后，宋现生送完信件，往山下走，返程到龙门附近时，在没有任何征兆的状况下，一块轮胎大小的石头，从他刚刚经过的山体上滑落下来，顺着台阶向下滚，由于坡陡，石头滚落得非常快，瞬间石头已到了距他二三米左右的地方，他当时就吓出了一身汗，急忙转身，向下一步跨出6个台阶，然后猛地往左侧摔出去一米多远，离开了山道台阶。刚定下神，山体又滑落了一些碎石及土坯，还好他身手敏捷，反应迅速，及时躲过了山体滑坡，不然连命都没了。因为一个急跨步，裤子被扯破了，腿也摔得青一块紫一块。

24年来，不管春夏秋冬，严寒酷暑，不管路途多么艰险，宋现生从没延误过一次班，也从没丢失过一份邮件，平均每年投递各类邮件近万件，准确率达100%。在泰山沿线，时常听到："老宋，歇歇脚再走吧，喝碗水，不要你的钱"，客户的关心和照顾，总会令他十分感动。

2020年初，全球暴发新冠疫情，泰山景区全面封山。但隔离病毒不会隔离爱，为了保证山上客户及相关单位的用邮需求，宋现生硬是摸索出了一条不同寻常的路开启逆行。他计算好时间，从后山小路出发，无论大雪封山、大雨瓢泼，始终坚守在投递一线。在完成投递任务的同时，宋现生义务为沿途值勤的民警、景区工作人员等捎带药品、包裹及生活用品，帮助解决了他们的生活需求，体现了中国邮政积极响应党和国家号召，全力以赴助力打赢疫情防控阻击战的坚定信心。

案例解析

宋现生作为一名山路投递员，能够准确地认识自己的投递工作是一份为人民服务的劳动，在劳动过程中他的服务意识很强，时刻指导着自己克服各种困难来实现服务对象的需求，真正践行了一个人民邮政投递员的工作热情和工作决心。他能够充分地认识自己工作的环境和为对象服务的特征，在泰安市唯一的泰山邮路上为每位客户投递报纸和信件，并且悦纳这份工作，用自己的劳动实践体现了自己的服务水平。

话题探讨

目前商业服务业和很多新兴产业需要服务劳动，如各类打车软件和各种网络电商销售平台（APP）。如何让客户信任你？当你给劳动对象提供服务时，你觉得什么是最重要的？是能力、品质、专业等综合素质？是工作风格和个人形象？是执行力与工作效率？是沟通交往能力？还是职业道德或精神面貌？

拓展学习

1. 登录“中工网”官方网站，单击“人物”菜单栏，一起感受劳动模范的引领作用吧！

2. 学习习近平总书记2016年4月26日《在知识分子、劳动模范、青年代表座谈会上的讲话》。

3. 在央视网人物专栏搜索全国劳动模范，进行学习。

劳动技能	
怎样拆米袋	

第六课　感受服务劳动，强化社会责任感

学习目标

1）理解义务劳动和志愿服务的奉献性和社会担当，了解创新劳动的重要性。

2）能够发挥所学专业技能特长参与学校和社会上的义务劳动和志愿服务，尝试在专业和学习生活中进行创新劳动。

3）在义务劳动和志愿服务中体验劳动的乐趣和奉献的光荣；强化社会责任感，善于进行创新劳动。

第一节　学校义务劳动，看我“乐于奉献”

《中华人民共和国宪法》第四十二条规定：“中华人民共和国公民有劳动的权利和义务。”劳动是一切有劳动能力的公民的光荣职责。国家提倡公民从事义务劳动。

在社会上，义务劳动蔚然成风，如单位组织员工开展的种树绿化劳动、社区组织居民进行的社区卫生死角清理、家长自发组织的维护学校周边交通秩序的劳动等。在校园中，义务劳动更是随处可见。同学们每天必做的教室值日、宿舍的内务整理、公共卫生区的清洁维护，这些都是同学们参与校园义务劳动的体现。人人参与义务劳动，人人又都是这些劳动果实的受益者，我们的环境因为这些义务劳动变得更加美好，社会、校园也呈现出更加和谐的氛围。

劳动认知

义务是指公民应尽的责任。义务劳动则是指那些不计定额，不要报酬，依据自己的自由意志而进行的劳动。在不计报酬的前提下，义务劳动既可以是服务性劳动、生产性劳动，也可以是日常生活劳动，大家自觉自愿地为社会劳动就是义务劳动。从某个角度来讲，义务劳动还是每个公民应当付出的劳动。那么义务劳动有哪些特点和意义呢？

1. 义务劳动引领社会奉献正能量

人们从事义务劳动的目的不是获得劳动报酬，而是通过奉献自己的劳动抑或是无偿

奉献出自己的劳动成果，让社会环境、生活环境更加美好、和谐。义务劳动并非国家强制性要求的劳动，而是劳动者自发、自愿从事的不计报酬的劳动，是一种奉献行为。正是因为无私奉献，义务劳动才更加显示出劳动的无上光荣。

2. 义务劳动让我们的校园变得更美好

通过校园义务劳动，你会发现图书馆里的书籍摆放得更加整齐有序了；校园卫生死角的垃圾都不见了；垃圾桶前值守的同学们正在热火朝天地宣传着垃圾分类；几个学雷锋小组正将老师传授的专业技能普惠校园，义务验光配镜、修电脑、教品茗、推广扶贫产品也在积极开展着；体育馆里、食堂里又多了几个引导秩序的值周生。义务劳动的参与者亦是受益者，义务劳动不仅让同学们利用所学知识和技能为大家提供服务，让同学们体会到劳动创造美好生活的幸福感，更给了大家亲身感受劳动的付出和快乐，感悟劳动真谛的实践机会。

3. 义务劳动陪伴同学们健康成长

义务劳动可以增强同学们的劳动能力，培养吃苦耐劳、积极向上的劳动精神，精益求精的劳动品质和热爱劳动的好习惯。通过义务劳动，同学们可以内化主动服务周围同学、服务学校和社会的公共服务意识，并强化社会责任意识和奉献精神。义务劳动还能够净化同学们的心灵，让同学们从中体会到劳动的光荣和神圣。

案例品读

随着国旗冉冉升起，校园的一天开始了，伴随着值周生的到岗，校园里的劳动实践教育开始了……

劳动实践教育是学校为所有学生设计、并纳入学生日常管理体系的一项劳动课程，给学生创造义务劳动机会、培养劳动观念。学校的校历清晰呈现着本学期参与劳动实践教育的班级和时间。在校三年中，每个班的每位学生都至少参与为期一周的劳动实践教育。学校长期坚持这项活动，已成为了特色劳动教育的一大亮点。

为期一周的劳动实践教育分为劳动理论课、岗位介绍与安排、服务性劳动教育、生活劳动教育、劳动实践总结五大环节。

在周一上午的劳动理论课上，学生们不仅要进行“劳动创造世界”“劳动让生活更精彩”“做新时代的劳动者”三大主题教育活动，深刻理解劳动的意义，更要理解新时代对劳动者的要求，做懂法制、有安全意识、有科学素养、有社会责任感的劳动者。通过教师精彩的课堂教学和同学们深入的思考探讨，大家对劳动实践课有了全新的认识，并谨记劳动实践课的四大要求：遵守纪律、听从指挥；吃苦耐劳、尽职尽守；团结友爱、相互帮助；安全第一、快乐劳动。

岗位介绍与安排给同学们呈现了清晰的工作内容和职责，周一下午大家被分配到校园各个服务性劳动岗位，开始了不同的实践劳动。服务性劳动岗位包括办公室岗、图书馆岗、体育馆岗、生活管理岗、实训室岗、桶前值守岗、督察岗。这些岗位的工作内容完全不同，有负责图书借阅、整理的，有负责环境与设施的清洁与维护的，有维持场馆的活动秩序的，有负责垃圾分类的值守与宣传的，有做文员行政工作的。对于每位同学来讲，这门课是对大家劳动能力和技巧的检测，更是对劳动态度和责任心的考验。

每周四下午所有参加劳动教育实践的同学们会集中到公寓参加生活劳动教育，内务整理、楼层清洁、宿舍评比……同学们会用一个下午的时间把公寓——这个大伙儿的家整理得温馨而整洁。

最精彩的环节要数周五上午的劳动实践总结了。在学生处教师的组织下，同学们把一周的劳动实践心得体会进行分享，同学们争着发言，都想说说自己的收获和感受。最终，每个岗位的指导教师、学生处管理教师、班主任老师、督查岗的学生干部都会认真给每个岗位的同学做出评价，给予肯定和期望。

案例解析

中职学校之所以长期坚持让学生参与劳动实践教育，就是要通过这种义务劳动的形式培养同学们的劳动观念，培养吃苦耐劳的优秀品质，锻炼不怕苦、不怕累的劳动精神。通过亲身劳动，同学们感受到劳动的辛苦、劳动的快乐，也会更加尊重劳动，珍惜劳动成果。同学们会主动从自己做起，不再乱放借阅的图书，自觉排队、做好垃圾分类，甚至会提醒身边人注意保持校园整洁，劳动觉悟得到快速地提高。

同学们在义务劳动中体会到相互配合的重要性，感受到团结就是力量，也掌握了通过统筹兼顾、互帮互助，逐渐提高劳动质量和效率的方法。不同的岗位让同学们有机会接触全新的工作内容，丰富了实践经历，锻炼了劳动能力。

话题探讨

同学们都参加过义务劳动，下面是几位同学对义务劳动的看法和感受。

甲同学说：我特别喜欢参加义务劳动，记得中学时去学校边上的公交总站帮司机师傅擦车，擦候车围栏，干得热火朝天，同学们都不怕脏、抢着干重活儿，劳动让我们感觉特别畅快，特别光荣。

乙同学说：每到学雷锋日，班里或者学校都会组织我们去做义务劳动，就是去找点儿活儿干，打扫卫生、帮助困难的人呀，感觉像是为了义务劳动而义务劳动，挺傻的。

丙同学说：我觉得义务劳动就是奉献，要占用自己的时间、还要卖力气，有时不太情愿，但不知为什么，每次参加完义务劳动，心里还是挺开心的，有时觉得自己还挺棒，感觉自己也为社会出了力了！

你更认同哪位同学的看法和感受呢？请你也谈谈对义务劳动的看法和体会。

第二节　社会志愿服务，看我大爱无声

2000 年，共青团中央及中国青年志愿者协会共同决定，将每年 3 月 5 日作为中国青年志愿者服务日。到目前为止，我国已经建立各类志愿服务站 20 余万个，有注册的青年志愿者人数已经达到了 4000 余万人。其中，以学生志愿者数量居多，当代中职学生已逐渐成为志愿服务队伍中的典型群体代表。他们在奥运会、世博会、APEC 会议、广交会等重大事件和赛事活动中做出了突出贡献。

习近平总书记在十九大报告中指出，“推进诚信建设和志愿服务制度化，强化社会责任意识、规则意识、奉献意识”。进入新时代以来，习近平总书记关于志愿服务的重要讲话和中央印发的志愿服务指导文件，为社会志愿服务增添了新活力。中职学生志愿者以其活跃性、创新性、积极性等特点，在众多领域为社会做出了重要贡献，同学们通过身边的志愿服务奉献爱心，传递温暖，不仅能重新认识劳动的意义，养成劳动的好习惯，也能培养同学们正确的世界观、人生观和价值观，体会到奉献和付出带来的爱、感动以及生命的温度！

劳动认知

志愿服务是指在不求回报的情况下，为促进社会进步而自愿付出个人的时间及精力所做的服务工作，体现出志愿性、无偿性、公益性、组织性四大特点。其中，公益性是

志愿服务的根本属性，志愿性、无偿性是志愿服务的基本特征，组织性是志愿服务最突出的特征。志愿服务作为学校思想政治教育的实践载体，面向全体学生，能够促进学生的全面发展，提高学生融入社会的综合素质。

志愿服务常常被称为“温暖人间的最美风景”，是人们奉献爱心、服务社会的重要方式，它体现着公民的社会责任意识，是人们主动为他人和社会服务、共同建设美好生活的生动实践，是新时代下推进精神文明建设的有效途径。近年来，我国志愿者队伍日益壮大，“奉献、友爱、互助、进步”的志愿精神浸润心灵、体现善意，志愿服务越来越成为人们生活的新风尚。

我国志愿服务是党领导下的群众性道德实践活动，具有鲜明的价值导向，培育和践行社会主义核心价值观贯穿始终，传承着中华优秀传统文化蕴含的厚德仁爱、乐善好施、助人为乐、扶危济困等思想理念和道德精髓，彰显着革命文化和社会主义先进文化蕴含的服务人民、团结互助、无私奉献等崇高追求。同学们在参与社会志愿服务的过程中，锻炼的是积极主动、和善有礼、勇于奉献的良好品质，培育的是团结互助、热情有礼、尊师爱幼、热心帮扶的职业素养。

志愿服务在中职学生的成长成才过程中发挥着重要作用，通过参与志愿服务活动，能够把服务他人、服务社会与实现个人价值有机结合起来，一方面在亲身实践中受教育、长才干、做贡献，另一方面在做好事、献爱心的过程中陶冶情操、提升境界，在“赠人玫瑰、手有余香”中实现自我价值和人生意义，以实际行动感悟爱国、敬业、诚信、友善等社会主义核心价值观。接待咨询、参观引领、秩序维持、专业讲解、技能展示、义务帮扶等社会志愿服务工作，让我们能够在服务他人、奉献社会的过程中收获学以致用的成就与快乐，更能够在实现人生价值中感悟志愿服务精神！

中职学生参与志愿服务，对国家来说，有利于促进社会的和谐、人民的团结和国家的安定，实现国家高质量发展。对社会来说，参与社会志愿服务能够引领社会新风尚，提升社会服务的品质。对于个人而言，参与社会志愿服务能够锻炼专业技能，增加社会实践经验，培养高尚的道德情操，提升问题解决的能力，实现自身的人生价值。

那么，新时代的中职学生如何参与志愿服务呢？

第一单元
第二单元 掌握劳动技能
第三单元
第四单元
第五单元

1. 志愿服务需要主动服务的意识

服务群众、奉献社会是职业道德规范的基本要求。近年来，我国涌现出“最美奋斗者”郭明义、“当代雷锋”庄仕华、“助人为乐模范”孙茂芳等全国道德模范。他们传承了助人为乐、无私奉献、不求回报的志愿服务精神，他们在岗位中的执着、坚守、奉献、服务，深深地影响着我们。因此，一名合格的志愿者首先要树立主动服务的基本意识，形成“处处替他人着想”的服务理念。只有从思想上重视，才能发自内心地认真做好志愿服务。与此同时，志愿者还应定期参加专业培训和技能考核，不断提升服务意识，努力提高服务水平。

2. 志愿服务需要吃苦耐劳的精神

吃苦耐劳是中华民族的传统美德，历史和现实表明，强大富强的国家离不开吃苦耐劳精神作支撑。习近平总书记指出，“人世间的一切幸福都需要靠辛勤的劳动来创造”。吃苦耐劳是志愿服务的前提，志愿者首先要做好吃苦耐劳的思想准备。新时代的中职生要在社会志愿服务中，拿出吃苦耐劳、甘于奉献、自强不息的决心和定力，在祖国和人民需要时，在急难险阻工作中，勇挑重担、永不言败。

3. 志愿服务需要无私付出和劳动实践

劳动实践是社会志愿服务的重要途径。“纸上得来终觉浅，绝知此事要躬行”。只有通过劳动实践，才能收获坚忍的品质，磨炼坚强意志，培养奉献精神，才能真正体会到参与志愿服务的幸福感与成就感，才能领悟到志愿服务精神所带来的独特价值。此外，志愿服务使得同学们不再局限于校园交往，而是有了更多接触社会、与人民群众广泛交流的机会，同学们在不断交往、探索、实践、努力中逐步提高沟通表达能力，传承无私奉献精神，磨砺矢志奋斗的品质！

案例品读

新冠肺炎疫情给社会、经济带来了不小的冲击。志愿服务对疫情地区的援助让我们感觉到暖暖的人情味。相信大家对快递小哥汪勇志愿服务团队的事迹有所关注，在不可思议的76天里，从自己孤军奋战到组建志愿团队，他历经了巨大的心理煎熬。一边是护士微弱的求助，一边是家人的担心和感染的风险，从保障医护人员日常出行，到为金银潭医院解决用餐问题，再到给医护人员修眼镜、买拖鞋这样的小事，汪勇八方统筹、百般服务，最终入选感动中国2020年度人物。《人民日报》将汪勇比喻成了生命摆渡人。

今天的中国正在发生日新月异的变化。实现中华民族伟大复兴的目标，需要更多的志愿者，需要更高品质的志愿服务团队。同学们，希望你们也能像优秀志愿者汪勇那样吃苦耐劳，无私奉献，让志愿的火种照亮更多的人，温暖更多的人。

志愿服务体现了一个人的道德境界，是一个人追求美好生活、为美好社会贡献青春力量的重要途径。这个时代有逆流而行的抗疫英雄，有四面八方的爱心助力，有暖心的爱心妈妈组织，有跨越国度的滴水之恩，也有一省救一国的涌泉相报。这个时代，大爱早已是中国的主旋律，更是中国走向世界，成为社会主义现代化强国的靓丽底牌。

中职学生作为社会志愿服务的一股重要力量，应当通过在校期间学习的理论知识和专业技能，以劳动和奉献的途径创造价值、贡献社会。下面来看看我们中职学子是如何进行社会志愿服务的吧！

北京市某中职学校自2012年起，连续10年开展“技能进社区”志愿服务活动，他们走出校园，走向社会，走进社区、街道，利用所学知识和专业技能为居民提供眼镜维修、眼保健宣传、珠宝首饰绳结编织与修复、真假钞识别指导、电脑硬件维修、幼儿手工作品教学、茶文化体验等多种类型的社会志愿服务。同学们热情地为居民提供帮助，耐心地为居民答疑解惑、排忧解难，他们认真负责的工作态度，获得社区居民的一致肯定和高度赞扬。

青年志愿者们通过“技能进社区”志愿服务活动，充分体现了职教学子学以致用、服务社会的志愿精神。同学们在志愿服务后纷纷表示，“通过‘技能进社区’社会志愿服务，能够积极灵活运用自己的专业知识，感受到专业技能的重要作用，从而加强学习和解决问题的能力，提高自身专业能力和素质。同时也在志愿服务中，获得了肯定，收获了快乐，居民的微笑和感谢是对自己最大的鼓励和支持。”志愿者们正以青春之名，赴志愿之约！以技能回馈社会，用服务成就精彩人生！

案例解析

学生通过学校所学的专业知识获取了间接经验，而在社区中进行与专业有关的志愿服务，帮助居民排忧解难所收获的是直接经验。志愿服务将知识小课堂与社会大课堂有机地结合起来。服务内容从书中的理论知识拓展到与学生息息相关的就业领域，面向学生的未来生活，提高学生的社会参与能力，让学生深入理解到专业技能的社会价值、实用价值，充分体现了职业教育的本质特征，突出志愿服务与实际生活的深度融合，这对未来学生的就业以及培养优秀的德能兼备现代职业人有着非常重要的现实意义。因此，“技能进社区”志愿服务活动更加符合直接经验与间接经验相统一的教学过程基本规律，也是理论性与实践性相统一的体现。

与此同时，“技能进社区”志愿服务活动也是社会主义核心价值观的要求和体现。志愿服务能够将社会主义核心价值观落细、落小、落实。同学们通过“技能进社区”志愿服务活动，不仅在为他人送温暖，为社会做贡献，更是践行中华民族邻里守望传统美德的道德实践活动。通过志愿服务这一途径，学生找到了融入社会的重要方式。走出学校、走进社区、扎根基层、奉献社会，推进个人素质、职业道德、家庭美德、社会公德建设，是社会主义核心价值观的具体体现。

同学们，快加入志愿服务大家庭，在社会实践中一起来领悟大爱无声吧！

话题探讨

1）对于中职学生在校期间是否应该积极参与社会志愿服务，同学们各执己见。

观点一：有些同学认为在校期间应积极走出校园，结合自身专业，发展社会技能。开展志愿服务，彰显学生风采，在个人与社会的统一中创造和实现人生价值。

观点二：有些同学认为在校期间应当好好学习，提高专业技能，无须与社会接轨。

请结合个人的专业与实际情况，谈谈你的看法。

2）在暑假期间，班主任老师布置了一项任务，要求全班每位同学完成不少于 20 小时的与垃圾分类有关的“桶前值守”社会志愿服务。对此同学们众说纷纭。

甲同学认为：参与“桶前值守”社会志愿服务非常有意义，不仅可以熟知垃圾分类投放标准，还能为美好城市做出贡献。

乙同学认为：垃圾分类的工作又累又脏，志愿服务中免不了接触细菌，而且自己所在城市和地区的垃圾桶那么多，而个人的力量非常薄弱，就算做志愿服务也起不到太大作用，还不如管好自己，把自己的垃圾分类做好。

请结合个人实际情况，谈一谈你对参与“桶前值守”社会志愿服务的看法。

第三节　创新创业劳动，看我创意无限

在2014年9月夏季达沃斯论坛上，李克强总理提出要在我国960万平方公里土地上掀起“大众创业”“草根创业”的新浪潮，形成“万众创新”“人人创新”的新势态，自此“大众创业、万众创新”开始成为社会街头巷尾人们讨论的高频热词。创新是企业高速发展的强大内驱力，华为、格力……无一不是敢于创新、勇于创新的企业标杆。大国工匠火箭心脏焊接人高凤林、中航工业首席技能专家“文墨精度”创造者方文墨以及中国“互联网＋”学生创新创业大赛中涌现出来的创新项目团队，都深刻地体现了中国人民在创新创业中增长智慧才干，在艰苦奋斗中锤炼意志品质，把激昂的梦想融入中华民族伟大复兴的中国梦的朝气蓬勃和热血情怀。

劳动认知

创新劳动是指人遵循事物发展的规律，对事物的整体或其中的某些部分进行变革，从而使其得以更新与发展的活动。创新劳动能够提升劳动效率、产生出超值社会财富或成果。它不仅包括技术方面的创新，还包含管理创新、知识创新、流程创新、营销创新等多个方面。

创新精神是一个国家和民族发展的不竭动力，也是一个现代人应该具备的素质。国家只有坚持改革开放，实施创新驱动发展战略，才能充分发挥市场在资源配置中的决定性作用，更好发挥政府作用，放宽政策、放开市场、放活主体，形成有利于创业创新的良好氛围，汇聚成经济社会发展的巨大动能。企业具有创新精神，才能提升生产效率，在市场经济的激烈竞争环境中提升产品竞争力。劳动者具有创新精神，才能打破现有的思维模式，提出有别于常规或常人思路的见解想法，才能提升工作效率和水平，闯出事业上的新天地。创新如此重要，我们该如何提升自己的创新能力呢？

知识链接

创新是一个民族进步的灵魂，是一个国家兴旺发达的不竭源泉，也是中华民族最鲜明的民族禀赋。

——习近平在北京人民大会堂会见探月工程嫦娥三号任务参研参试人员代表时发表重要讲话

在激烈的国际竞争中，惟创新者进，惟创新者强，惟创新者胜。

——习近平在欧美同学会成立100周年庆祝大会上的讲话

1. 首创精神，引领创新行动

创新精神是开展创业行动的基础。创新强调的是开拓性与原创性，即开拓人类认识新领域，开创人类认识新成果，在于不满足于已有认识，不断追求新知；在于不墨守成规，敢于打破条条框框，探索新的规律方法；在于不唯书不唯上，坚持独立思考，灵活解决问题等。同时，创新劳动由于受到人们现有认知、行为习惯等方面的影响，会面临种种阻碍，遇到各种矛盾、困难和问题，因而更需要勇于突破、敢为人先、敢闯敢试的首创精神。

2. 善于借鉴，在传承的基础上创新

创新与传承并不矛盾。创新精神在于敢于摒弃旧事物，挑战旧思想，但创新活动也要站在巨人的肩膀上，才能看得更高，走得更远。创新活动要以遵循客观规律为前提，只有当创新活动符合客观规律，适应客观需要时，才能顺利转化为新成果，成为促进社会发展的新动力。

3. 敢于行动，在实践中改变世界

实践是检验真理的唯一标准。创新不能停留在口头上或者想法层面。创新有强烈的实践性特点。只有将创新的理念和想法落实到实践中，才能检验创新理念的正确与否，才能改变人们的生活理念和生活方式，才能真正促进社会生产力的发展，推动人类历史车轮不断滚滚向前。

案例品读

中航工业首席技能专家、全国五一劳动奖章获得者方文墨来自中航工业沈阳飞机集团，沈飞集团承担着为我国研发制造航母舰载战斗机的重要任务。舰载飞行因为难度大、要求高，一度被誉为“刀尖上的舞蹈”，因此，航母舰载战斗机的生产制造工艺要求极为严格。在舰载战斗机制造中，一根头发丝粗细的误差就可能导致机毁人亡，不仅给国家航空安全埋下巨大的隐患，还会给人民安全带来不可估量的损失。

在大工业时代，舰载战斗机的飞机零件制造大多数都采用自动化生产方式，但是有的零件因为数量少、加工精度高、难度大，还是需要手工打磨。这就需要钳工具有精湛的锉磨手艺才能胜任这一艰巨任务。方文墨主要承担的就是飞机零件打磨任务。在教科

书上，手工锉削精度极限是千分之十毫米，而方文墨创下相当于头发丝的二十五分之一的“0.003 毫米加工公差”记录，被行业誉为“文墨精度”！

在舰载机生产试制的过程中，新机型、新技术、新工艺不断带来各类生产技术难题。方文墨在加工歼 15 舰载机高精度的细小零件时发现，在零件上打出一个 1.4 毫米的小孔总是产生铜屑残留。可别小看这一小部分的残留，它可能引发电路短路，甚至导致机毁人亡的大事故。因此，如何消除铜屑残留，就成了关系舰载机飞行零件打磨成败的大事。方文墨反复研究后，发现零件加工中出现铜屑残留的原因是模具的设计和工艺存在问题。他一遍遍琢磨，创新改进了零件的工艺流程和生产模具，不仅解决了铜屑残留的难题，工作效率也提高了四倍，顺利地解决了这一难题，为我们国家航母舰载战斗机的生产制造做出了重要贡献。

参加工作以来，方文墨主动承担新飞机研制中首件研制生产任务和技术难点攻坚任务，不断创新钳工工作技艺，研发新技术，攻克新难题。在参加工作十余年的时间里，方文墨改进飞机生产制造工具、技艺和生产技术多达百余项，发明了多种实用技术专利，为企业生产节省人工成本和材料费达百万余元。方文墨和工友们用自己的智慧与汗水，助力中国战机一飞冲天，创造了中国舰载战斗机生产制造的奇迹！

案例解析

“自信人生二百年，会当水击三千里。”青年人天生洋溢着朝气蓬勃的活力，有一股敢拼敢闯的劲头。“志之所趋，无远勿届，穷山距海，不能限也。”18 岁的方文墨毕业后进入沈飞集团，25 岁成为公司最年轻的高级技师。他充分发挥年轻人的优势，打破传统固有思维，创新设计飞机制造工具，为国家航空事业做出了突出贡献。

首先，新时代青年人要有创新意识。不能故步自封，墨守成规，更不能有依赖思想。青年人要在工作岗位上用心钻研，潜心琢磨，在工作中发现问题，想方设法解决问题，在解决实际问题的过程中敢想敢干，善于创新，逐步成长为推动国家进步、时代发展的中坚力量。

其次，青年人要敢于行动，在创新实践中实现人生价值。具体地说，就是要立足职业岗位，自觉克服“小事不愿做，大事做不来”的不良倾向，从点滴做起，从细节做起，从基层做起，树立勇立潮头的责任感和使命感，敢担当善作为，撸起袖子加油干，努力在开拓创新中建功立业，争做创新的时代先锋。

青年人在哪里，发展活力、创新活力就在哪里。作为新时代的青年人，我们要不负青春、砥砺前行，咬定青山不放松，勇做时代弄潮儿，在创新实践中放飞青春梦想！

话题探讨

进入职校一段时间了，同学们对于职业发展有不同的看法：

甲同学说，工作岗位任务都是公司多年积累沉淀下来的，我一个新人哪能有什么新想法呢？随大溜就行了。

乙同学说，在工作岗位上就要老老实实的，老想着新点子新想法，容易得罪同事，何必给自己找事呢？

丙同学说，青年人要敢于创新，善于创新，让创新成为青春远航的动力，让创业成为青春搏击的能量，在国家创新创业大环境下施展才华，绽放生命光彩。

你怎么看待以上同学的观点呢？说说你的想法。

拓展学习

1）登录“中国志愿服务网”官方网站，单击“志愿风采”，一起感受榜样的力量吧！

2）新修订的《北京志愿服务促进条例》于2021年3月1日起正式施行，请阅读相关条例，概括出北京志愿服务的精神内涵。

3）观看CCTV节目纪录片：《创新中国》《大国工匠》。

4）观看李子柒公众号发布的创意劳动系列短视频。

5）阅读书籍：《创新与企业家精神》。

劳动技能	
怎样蒸馒头	

第三单元

传承劳动精神

第七课　做勤俭奋斗、创新奉献的劳动者

学习目标

1）能够理解劳动精神的内涵。

2）掌握适应生存发展需要的基本劳动能力，形成良好劳动习惯。

3）培养热爱劳动的品质，尊重普通劳动者。

4）感悟劳动不分贵贱，劳动创造美好生活的内涵。

5）培养勤俭、奋斗、创新、奉献的精神。

劳动认知

2018年，习近平总书记在全国教育大会上强调，“要在学生中弘扬劳动精神，教育引导学生崇尚劳动、尊重劳动，懂得劳动最光荣、劳动最崇高、劳动最伟大、劳动最美丽的道理，长大后能够辛勤劳动、诚实劳动、创造性劳动。”新时代劳模精神、劳动精神、工匠精神是以爱国主义为核心的民族精神和以改革创新为核心的时代精神的生动体现。无论是基层劳动人民，还是国家工匠人才，都是在追逐着国家发展的脚步，并不断地根据自身专业特长发挥着不可或缺的作用。

劳动是通往成功的必由之路，是创造价值的源泉。对于中职学生而言，掌握基本的生活和劳动技能，学会关爱他人，尊重他人劳动，形成正确的劳动价值观念，能够促进学生健康成长，有助于保持身心健康。

1. 崇尚劳动、热爱劳动、辛勤劳动、诚实劳动

劳动是财富的源泉，也是幸福的源泉。劳动满足了人们对于温饱的需求，也提升了生活品质，更缔造了人类的幸福。从两弹一星到嫦娥探月，从第一艘潜艇到蛟龙入海，从杂交水稻到基因组芯片，从第一代计算机银河到今天的互联网大数据，这是无数劳动者爱岗敬业、辛勤劳动的成果。没有挥洒过劳动的汗水，没有体会过劳动的艰辛，就很难真正理解劳动的内涵、珍视劳动的价值。清洁工人爱岗敬业，换来了我们生活环境的干净美丽；产业工人爱岗敬业，换来了企业不断发展，为富民强国提供了雄厚的物质基础……我们应爱岗敬业，在平凡的岗位上做出力所能及的贡献。

（1）崇尚劳动是历久弥新的时代精神

崇尚劳动反映了人们及社会对劳动的立场和态度，是个体及社会对劳动产生的价值的认同和追求、赞美和崇敬。劳动让生活更美好。劳动直接创造物质财富，一粥一饭、半丝半缕都是劳动的结晶，这些是我们生活的基础。所谓“仓廪实而知礼节”，随着物质财富的不断丰富，我们的生活越来越富足，我们才有了体面生活的可能性。劳动让我们更充实。劳动不仅创造了物质财富，更创造了精神财富。知识来源于实践中的经验积累，知识的真伪最终也要到实践中去证实，劳动实践是我们灿烂文化的“源头活水”。劳动让梦想更绚烂。高远的梦想总是靠脚踏实地的行动实现的，同时，辛勤的汗水又让梦想的花朵开得更美丽。劳动开创未来，奋斗成就梦想。追梦之路崎岖坎坷，而辛勤劳动则是我们爬坡迈坎、披荆斩棘的坚定脚步，有了它，我们就有信心去实现自己心中的梦想，以及那光荣伟大的中国梦。

尊重劳动反映了人们及社会对劳动及劳动者主体地位的正面和积极的价值评判和认同。我们应尊重一切劳动以及其所带来的个人和社会价值。劳动的分工、劳动的方式都具有时代特点以及差异性，但是无论时代条件如何变化，劳动的本质是一样的，不存在高低贵贱之分，任何形式的劳动都应得到尊重，每位劳动者都应该得到认同，劳动权利和利益都应得到保障。每一个行业都有其独特的价值，没有贵贱之分。就比如我们的环卫工人，他们看似普通却很重要。我们平常很少看到他们的身影，但是当喧闹的城市变得安静，拥挤的街道变得宽敞，我们进入梦乡之时，环卫工人开始用他们勤劳的双手为我们装扮一个崭新的黎明。或许你会说，他们的工作简单、枯燥、乏味、没有一点创造性，但是，如果没有他们的默默付出，我们的城市环境就难以维持美好清洁。习近平总书记指出：“在我们社会主义国家，一切劳动，无论是体力劳动还是脑力劳动，都值得尊重和鼓励；一切创造，无论是个人创造还是集体创造，也都值得尊重和鼓励。”体力

劳动和脑力劳动虽然形式不同，但是都可以实现个人价值和创造社会价值。一切有利于人民、国家、社会发展的劳动都值得尊重，任何劳动歧视和偏见都应该反对。任何人的劳动，都理应受到称赞；任何人的劳动，都应该得到尊重。

（2）热爱劳动是美好生活的原动力

热爱劳动是中华民族的传统美德。想要在岗位上有所突破，在事业上有所成就，想要创造美好幸福的小康生活，建设富强民主文明和谐美丽的社会主义现代化强国，都离不开人们对劳动发自内心的热爱。劳动创造了人类，创造了世界，创造了文明，劳动也成就了我们美好的生活，现实中每个人无论职业、年龄、社会地位，如果我们想要美好的生活，都需要通过劳动去创造。

劳动能创造属于自己的小幸福，实现自己的人生价值。干一行爱一行，就应热爱劳动，兢兢业业地做好本职工作。干一行爱一行是一种优秀的职业素养，是我们应该遵从的基本价值观，是一种明智的人生选择和追求。一个人能否脱颖而出，固然需要他的能力突出，更需要他的态度积极。雷锋一生不愧为一颗永不生锈的“螺丝钉”。无论在何种岗位，他总是干一行、爱一行、钻一行。在农村，他是优秀拖拉机手、治水模范；在工厂，他是标兵、红旗手、先进工作者；在部队，他是节约标兵、模范共青团员，多次立功受奖。无论是当公务员，还是当工人、当军人，他都脚踏实地、兢兢业业，工作在哪里，就在哪里发光发热，竭尽所能为国家、为社会创造财富。“干一行爱一行”告诉我们要有百折不挠的精神，一个人要达到事业、人生的顶点必定要经历一系列的磨难。每克服一个困难，自身的水平就上升到一个新的高度，同时距离成功就又近了一步。

（3）辛勤劳动创造美好幸福生活

一勤天下无难事。劳动不仅可以创造价值，也是人们实现自我认同和社会认同的过程。每个人都可以是平凡英雄。在平凡的岗位上坚守，平凡人就能造就不平凡；在普通的岗位上努力，普通人也能变得不普通。劳动创造了产品，创造了美，创造了社会，创造了自己的生活，也创造了他人的生活。2019 年“五一”国际劳动节前夕，武汉市表彰了 97 位产业工人、56 位专业技术人员、25 位科教人员和 20 位农民工。快递哥喻佑军是这次受表彰的人

知识链接

劳动既是一种行动，也是一种境遇，是一种把自己的标准取向引向自我的实在性。

——阿兰·图海纳

员之一。从事了16年的快递工作，喻师傅练就了一套收件、扫描、打包、装袋、分拣、派送的高超本领，获得同行们交口称赞。像快递哥喻佑军一样，努力干活，辛勤打拼，养活一家人，这也是千千万万普通人的生活状态。千千万万普通人通过劳动养活自己和家庭，从劳动中获得生存的权利，获得尊严。通过劳动，我们定义着自己的社会坐标，并由此获取社会价值和他人认同。

辛勤劳动，是每一个劳动者尽己所能地劳动，是每一个劳动者内心与言行一致的最好诠释。辛勤劳动，是每一个劳动者朝着同一个梦想而努力奋斗，是每一个劳动者为了美好明天而真诚地付出。中华人民共和国成立以来，我国涌现出一批被历史所铭记的实干家：有生前两次赴藏，为西藏的建设、发展和稳定做出突出贡献的孔繁森；有在邮政事业战线上兢兢业业、任劳任怨，表现出坚定的信念和追求的王顺友；还有“铁人”王进喜、“两弹元勋”邓稼先、“白衣圣人”吴登云、“杂交水稻之父”袁隆平……这些响当当的时代劳模，都是辛勤劳动的代表。建筑工地上挥洒汗水的工人，田野里辛勤耕种的农民，严寒酷暑下指挥交通的警察，三尺讲台上讲授知识的教师，埋首实验室苦心钻研的科学家……新中国的辉煌成就，就是他们用辛勤劳动铸就的；中华人民共和国的坚实大厦，就是他们用一砖一瓦砌成的。没有辛勤的劳动，就没有创新创造；没有辛勤的劳动，就没有我们今天的幸福生活。辛勤劳动，是创造中国奇迹的源泉和动力，是迎接挑战、战胜困难的法宝利器，是焕发劳动热情和创新活力的基础，是走向幸福生活的必由之路。

（4）诚实劳动是成就梦想的基石

以诚为先、以诚为重、以诚为美，是劳动应有之义。人世间的美好梦想，只有通过诚实劳动才能实现；发展中的各种难题，只有通过诚实劳动才能破解；生命里的一切辉煌，只有通过诚实劳动才能铸就。

靠自己的劳动创造的美好生活才最踏实。“空谈误国，实干兴邦”，实干首先就要脚踏实地劳动。1985年，海尔集团创始人张瑞敏收到一封客户来信，信里说厂里电冰箱的质量有问题。张瑞敏立刻带人检查了仓库，发现仓库里的四百多台冰箱竟然有七十六台不合格。有人说，冰箱只是外部划伤，可以便宜点儿卖给工人。那时候，一块钱能买十斤白菜，一斤多花生油，六两猪肉。一台冰箱两千多元，是一个工人三年多的工资。就算这样，冰箱依然供不应求。张瑞敏却在全体员工大会上宣布，要把这七十六台不合格的冰箱全部砸掉，而且要生产冰箱的人亲自砸。张瑞敏说：“过去大家没有质量意识，所以出了这起质量事故。这是我的责任。这次我的工资全部扣掉，一分不拿。今后再出现质量问题就是你们的责任，谁出质量问题就扣谁的工资。”海尔砸冰箱这件事，砸的不仅仅是冰箱，更重要的是砸掉了旧的思想、观念，赢得了客户的信任，造就了知名品牌。可见，只有不断否定自己、挑战自己，才能不断创新发展。在任何时代，社会财富的增长主要来源于诚实劳动。每个诚实劳动的人都应该受到尊敬，每个踏实的人都应该得到尊重。

2. 劳动最光荣、劳动最崇高、劳动最伟大、劳动最美丽

牢固树立劳动最光荣、劳动最崇高、劳动最伟大、劳动最美丽的观念，让全体人民进一步焕发劳动热情、释放创造潜能，通过劳动创造更加美好的生活。2018 年 4 月 30 日，习近平总书记在给中国劳动关系学院劳模本科班学员的回信中写道："我一直强调，劳动最光荣、劳动最崇高、劳动最伟大、劳动最美丽。全社会都应该尊敬劳动模范、弘扬劳模精神，让诚实劳动、勤勉工作蔚然成风。"

（1）劳动最光荣

2016 年 4 月 26 日，习近平总书记在知识分子、劳动模范、青年代表座谈会上强调，"劳动没有高低贵贱之分，任何一份职业都很光荣。"劳动最光荣，是全体劳动者应有的价值立场，体现的是在劳动关系中，做出贡献的劳动者及劳动价值得到肯定和认同。弘扬劳动精神就是要发扬无私奉献精神和服务他人意识，培育社会主义核心价值观，同各种好逸恶劳的错误思想彻底割裂开来，时刻警惕不劳而获、投机取巧、贪图享乐等错误观念。

（2）劳动最崇高

2015 年 4 月 28 日，习近平总书记在庆祝"五一"国际劳动节暨表彰全国劳动模范和先进工作者大会上强调，"在我们社会主义国家，一切劳动，无论是体力劳动还是脑力劳动，都值得尊重和鼓励；一切创造，无论是个人创造还是集体创造，也都值得尊重和鼓励"。劳动最崇高，肯定了劳动者创造的成果，肯定了劳动者自身的价值。新时代劳动者是坚持和发展中国特色社会主义的主力军，同时也是劳动精神的继承者和践行者。

（3）劳动最伟大

2015 年 4 月 28 日，习近平总书记在庆祝"五一"国际劳动节暨表彰全国劳动模范和先进工作者大会上强调，"中华民族是勤于劳动、善于创造的民族。正是因为劳动创造，我们拥有了历史的辉煌；也正是因为劳动创造，我们拥有了今天的成就。"劳动最伟大，体现在劳动实践推动人类社会进步，成就历史辉煌。中国改革开放以来取得的伟大成果是靠千千万万中国人民辛勤劳动创造的，不是凭空想象出来的，也不是等来的、

喊来的，而是拼出来、干出来的。新时代进行的伟大斗争、伟大工程，推进的伟大事业，实现的伟大梦想，都离不开劳动精神，劳动精神将始终贯穿于中国特色社会主义事业的方方面面，成为激励全党全国各族人民奋发图强、勇于前进的强大精神支柱。

（4）劳动最美丽

2013 年 4 月 28 日，习近平总书记来到全国总工会机关，同全国劳动模范代表座谈并发表重要讲话，指出“人世间的美好梦想，只有通过诚实劳动才能实现；发展中的各种难题，只有通过诚实劳动才能破解；生命里的一切辉煌，只有通过诚实劳动才能铸就。”劳动最美丽，是劳动者在认识和改造世界的过程中，将劳动精神外化和物化所展示的劳动之美。“最美乡村教师”“最美逆行者”等无数新时代奋斗者在平凡的岗位上成就不平凡的人生，在辛勤劳动中实现自我价值和社会价值的统一。新时代，新征程，新作为，我们要撸起袖子加油干，用实干精神、担当精神助推中国梦的实现。劳动精神在行动实践上表现为辛勤劳动、诚实劳动、创造性劳动。

广大青年学生要牢固树立劳动最光荣、劳动最崇高、劳动最伟大、劳动最美丽的观念，培养勤俭、奋斗、创新、奉献的劳动精神，具备满足生存发展需要的基本劳动能力，形成良好的劳动习惯，崇尚劳动、尊重劳动、热爱劳动，增强对劳动人民的感情，进而报效国家、奉献社会。

实现从“中国制造”向“中国创造”的跨越，归根结底要靠高素质的劳动者大军。要树立“三百六十行、行行出状元”的科学人才观，要广泛开展劳动竞赛、技术比武和岗位建功活动，引导广大劳动者热爱岗位、提升技能，焕发创新活力、释放创造潜能，为劳动托起中国梦做出新贡献。宏大的中国梦，需要无数平凡的人尽自己最大的努力兢兢业业地筑造。只有坚定理想信念，练就过硬本领，不忘初心，牢记使命，勇于担当，艰苦奋斗，才能站上新时代的舞台，才能为中华民族伟大复兴贡献出青春与力量。中华民族伟大复兴的道路上少不了青年劳动者奋斗的足迹，我们要争做有理想、有本领、有担当的新青年，共同创造更加美好的未来。

案例品读

刘中华是一个顶尖级老表匠，一个在方寸表盘上“跳舞”的人，他是国产航天表点油工艺独一人。1971 年出生的他，老家在广东揭西农村，1990 年高中毕业后，19 岁的他便鼓足勇气到深圳闯一闯，这一闯就抓住了深圳飞亚达招聘的机遇。万事开头难。到了公司，刘中华先从学徒工干起。起初他连镊子都拿不稳，一夹零件手就抖。想进步，没有捷径，必须反复练习。刘中华悟性好、肯吃苦，经过不断磨炼，他慢慢地成为公司装配部的一把好手。后来，他被调到高档手表小组，参与手表维修，做过技术线长，解决生产线上的技术问题。此外，他还对工具夹进行设计改造。在小小机芯里，练就技能是个精细活。机械表走得准不准，关键看师傅的调试功力。刘中华的工作要精确到丝。1丝有多细？头发丝直径是8丝。在刘中华看来，制作手表最核心的环节，就是匠人的打磨。这些年，刘中华获奖无数。2002年，刘中华在深圳第四届职工技术运动会手表装配工比赛上，荣获个人第一名及团体冠军。他拆装两个石英机芯，只用3分钟，可谓是技惊四座；2006年，在全国机械手表维修技能比赛上，他获得个人银奖及团体第二名；2007年，在深圳市百万农民工技能大比武活动中，他获得深圳市技术能手荣誉称号；2016年，他荣获深圳市百优工匠称号；2017年，他成为深圳市劳模。刘中华的“舞台”，就是一个表盘，小得不能再小。但因为具有工匠精神，他的舞台又很大很大。

案例解析

劳动对于实现人生价值有重要意义。正如高尔基所说，我们世界上最美好的东西，都是由劳动、由人的双手创造出来的。刘中华的案例告诉我们，劳动创造了世界上最重要、最美好的东西，体现了人的宝贵价值。从半坡聚落、河姆渡聚落到夏商周，从先秦两汉元明清到现代，各个时代取得的一项项成果无不向我们昭示这一理念。新时代的我们要深刻领会到劳动是人类的幸福源泉。只有努力奋斗、勤奋劳动，我们才能创造出更加灿烂、美好的未来。

话题探讨

甲同学说：劳动是为了挣钱，养家糊口；乙同学说：劳动的意义在于为社会的进步做贡献；丙同学说：劳动是人自身发展的需要。那么同学们你们认为劳动的价值和意义究竟是什么？

拓展学习

1. 观看央视栏目：《我爱发明》。

2. 阅读书籍：《影响人类历史的100个发明创造》。

劳动技能
怎样做厨房卫生

第八课 做爱岗敬业、争创一流的劳动楷模

学习目标

1）理解劳模精神的实质内涵，树立“干一行、爱一行、专一行、成一行”的职业理念。

2）能学以致用，做到爱岗敬业并将基本要求落实到学习生活当中，将来进入职场成为优秀职业人。

3）培养爱岗敬业、无私奉献的职业道德，摒弃职业偏见，能够尊重劳模、学习劳模、争当劳模。

劳动认知

劳模精神，是指“爱岗敬业、争创一流、艰苦奋斗、勇于创新、淡泊名利、甘于奉献”的劳动模范精神。这是习近平总书记关于劳模精神的表述，为我们科学理解和大力弘扬劳模精神提供了正确的方向和指导。坚持爱岗敬业，勇于争创一流。青年学生应积极发扬吃苦耐劳、不畏困难的精神，在各自学习和工作的岗位上把困难与挫折化为前进的动力，深刻认识到国家的发展离不开爱岗奉献的劳动者。要坚持爱岗敬业，在学习和工作中勤于思考，勇于争创一流，用劳动模范和先进工作者的崇高精神和高尚品格鞭策自己，将辛勤劳动作为自觉行为，引导广大学子树立辛勤劳动、诚实劳动、创造性劳动的理念，让劳动最光荣、劳动最崇高、劳动最伟大、劳动最美丽蔚然成风。

1. 爱岗敬业的时代内涵与价值

（1）爱岗敬业，乐于奉献从我做起

爱岗敬业，顾名思义，就是热爱自己的职业，做好自己的本职工作。每个人都应该热爱自己所选择的职业，认真对待本职工作，在其位谋其职，只有尽心尽力地工作，勤

勤恳恳，才能在平凡的岗位上发光发亮，创造自我价值。爱岗敬业是成功的出发点，是工作的必备品格，也是一个人职业操守和职业道德的体现。社会上从来不缺乏爱岗敬业的事例，全国劳动模范徐虎、李素丽等，他们在自己的岗位上奉献青春，挥洒汗水，实现自我价值。人们爱岗敬业，未来才更加美好。李素丽虽然是一名普普通通的公交车售票员，但在平凡的岗位上认真工作，她的爱岗敬业使她成为老百姓心中的榜样。这种精神值得我们学习，无论在什么样的岗位，都应该认真对待自己的本职工作，提高业务能力，认真学习并提高工作效率，为人们带来更好的服务。只有明确自己的出发点，才能认真对待自己的工作，以更加饱满的精神和状态去迎接明天，更好地完成工作。对待自己的工作，我们应始终秉持认真、负责的态度，在工作中积极主动，不推卸工作职责，刻苦学习，增强业务能力和职业技术，适应工作需求，使自己能够出色地完成工作任务。

爱岗敬业是一种行动，不能停留在人们的口号声中。认真对待自己的职业，以负责的态度去完成工作任务，任劳任怨，不偷工减料，这才是对爱岗敬业最好的诠释。从古至今，中国人都在提倡爱岗敬业，比如朱熹认为人应当严肃认真，勤奋努力地对待自己的事业。罗贯中在《三国演义》里就提及拿俸禄者就应当做好本职工作。每个人都应该热爱自己的职业，这样才能无愧于自己，踏踏实实地做人，报效祖国。在其位谋其职，每一个岗位都对应着一份责任，这份责任要求我们积极主动而不是被动地完成工作任务，是立即行动而不是拖泥带水。在自己的岗位上，我们必须有强烈的责任感和荣辱观，自己的事情自己做，不仅仅是完成工作，还要不断地努力，争取高效完成工作。每一份工作都要求职场人爱岗敬业，只有以认真、负责的态度完成工作任务，才能使工作成果符合行业的要求，在未来实现长足发展。只有做到这些，劳动者才称得上爱岗、敬业、无私、奉献。生活中充满着爱岗敬业的人和值得我们学习的榜样。比如王善银在戈壁滩书写着他的故事，虽年过半百，但身为一名共产党员，遇到难事他率先起带头作用。戈壁滩漫天风沙，干燥无比，既缺水又缺氧，工作环境极其恶劣。2016 年，在修建兰新高速路时途经戈壁滩，他不畏环境艰苦，担起党员的责任和义务，在工作岗位上尽心尽责。拌和机是他真挚的“朋友”，他十分爱护机械设备，对现场的机器进行定期的保养和维修，生怕因为机械故障而延误了工期。在他眼里，按计划安全施工比什么都重要，他每天的精力都献给了工作，无怨无悔。他大公无私，没有因为家里的大小事而离开工作岗位，尽管心里十分想家，但他仍然坚守在自己的岗位上，做好自己的工作。经他手的工作完成得相当出色，不存在事故，不存在浪费，更不存在违章违纪等情况。因此他被评为“优秀共产党员”，这是中国铁建十一局公司党委和中国铁建十一局兰新高铁项目部党工委共同授予他的荣誉。爱岗敬业更是一种行动，从热爱一项工作变成精通一门工作。敬业更要精业，做一行就应当投入全部的热情，弄懂并精通这一行。精业才是工作的底气所在，做到精业的人才会有出色的表现和业绩。

所谓的爱岗敬业就是要热爱自己所选择的职业，对自己的工作负责，以积极主动的态度完成自己的工作任务，此外还要努力学习，以热爱为动力做到精业。我们每一个人将来都会有自己的职业，在其位谋其职，爱岗敬业不仅仅是职业对我们的要求，也应该是我们的追求。

（2）爱岗敬业，珍惜自己的工作岗位

珍惜现有的工作是一种责任，一种承诺，一种精神，一种义务。只有珍惜工作，才能爱岗敬业，尊重自己所从事的工作，才能精通业务，不被淘汰，可以说，珍惜工作岗位是一条实现人生价值的必经之路。在漫长的人生中，每个人的大部分时间都是在工作中度过的，可以说工作就是我们生命的舞台，工作的成败关系着我们人生的成败，我们只有像珍惜生命一样珍惜自己的工作，才能把工作做得尽善尽美，才能获得人生的最高成就。然而，很多人却不珍惜自己的岗位，总是心浮气躁，好高骛远，没有立足本职埋头苦干，当然他们就很难有所成就，更谈不上建功立业了，这种人一见到别人做出成绩，就会因羡慕而妒忌，进而大发“英雄无用武之地”的牢骚，似乎自己没有成绩，不是自己不努力，而是领导安排不得法，企业不能知人善任。有些人整天在消磨时光，至于人生的理想，奋斗的激情，进取的潜能，创造的才智，统统都在这种舒适安逸中慢慢泯灭殆尽，到头来，难免平平庸庸，无所作为，这是典型的不珍惜岗位的一种表现，最终也是对自己生命的浪费。有人或许会说“重要的岗位容易调动人的积极性，而平凡的岗位很难让人产生工作激情”，事实果真如此吗？答案是否定的，为什么这样说？因为就一个公司而言，没有总经理是不行的，同样，没有普通文员也是不行的，普通文员如果不认真工作，不珍惜自己的工作，就会失去这份工作，就会有后来者替代。无论从企业的角度，还是从老板的角度，对于不珍惜自己工作岗位的员工，在决定解聘时，都不会心慈手软，珍惜自己的工作岗位是一条实现人生价值的必经之路，只有踏踏实实，充分利用好自己在岗位上的每一天，刻苦钻研，奋发图强，才能获得人生的成功。一个人对一样东西的热爱，要体现在对这件东西的珍惜上，同样，一位热爱工作的员工，也会首先用自己的行动体现对工作的珍惜，只有珍惜自己的岗位，用智慧和辛劳证明自己的才干，才会拥有稳定的工作，才能让自己的职业生涯逐步走向高端，也才能最终把握自己的命运。

根据相关权威机构的统计，对1000位成功人士进行调查的结果显示：78%的人认为爱岗敬业是其成功的主要原因。那么作为劳动主力军的中职学生，面对企业的严格要求，爱岗敬业显然会在中职学生将来的职业生涯中起到不可小觑作用。这就要求我们不但要学习文化知识和技能，更要注重加强爱岗敬业良好职业素养的培养。

学习的专业不同，将来走向的工作岗位也不相同，但是不管面对什么样的工作岗

位，我们都要认真对待，对自己的岗位职责负责到底，无论任何时候，都尊重自己的工作，热爱自己的工作岗位，对自己选择的岗位勤奋有加，无私奉献。爱岗敬业是中职学生职业道德和职业素养的重要组成部分。因此，中职学生要想适应社会和用工单位的发展，成为合格的职业人，就必须养成爱岗敬业的精神品质。

（3）爱岗敬业，引领新时代的职业精神

爱岗敬业不仅是个人职业道德衡量的标准，更是实现自我、成就事业的重要途径。从目前实际情况来说，无论是国外还是国内，社会的稳定、发展和进步都需要劳动者具有爱岗敬业精神。美国著名的世界企业管理咨询公司创始人盖洛普对全球上万家企业做了长期调查和研究后认为，一个优秀的企业能够基业长青、持续发展，是因为他们做了其他企业没有做或没有做好的一件事情，那就是培养了大批爱岗敬业的员工并使之发挥独特的才干。一个企业想要永久地增强竞争优势，唯一有效的途径就是不断地培养具有爱岗敬业精神的人才。有调查显示：学历文凭已不是公司招聘首先考虑的条件，大多数企业认为，正确的工作态度，较强的责任意识、爱岗敬业精神、团队合作能力是企业在选择员工时最优先考虑的，其次才是职业技能和工作经验。毫无疑问，工作态度已被视为企业遴选人才的重要标准，员工的爱岗敬业精神越来越受到用人单位的关注。

因为喜欢与热爱，我们选择了现在所学的专业，也正是这样，我们才能更积极主动地去学好专业；今天我们认真学习科学文化知识与专业技术能力，就是为将来步入职场夯实基础，更好地促进自己做好本职工作，更好地促进自己职业生涯发展。爱岗敬业是社会主义核心价值观的一部分，是每个公民都应该具有的精神。对于学生来说，未来步入工作岗位，如果专业技术精湛，但缺少爱岗敬业精神，则对企业，对社会都是一种损失。所以在学校中，培养学生的爱岗敬业精神非常重要，而爱岗敬业精神的培养也成为学生职业生涯中非常重要的一个环节。

2. 践行劳模精神，争做时代楷模

（1）将爱岗敬业的信念贯彻始终

在竞争激烈的就业市场中，过硬的专业服务技能是脱颖而出的法宝。因此，在学生时代要努力学好专业文化知识，提升个人的技术能力水平，发展好自己的特长。英国首相丘吉尔曾说：“不能爱哪行才干哪行，要干哪行爱哪行。”但是我们也看到，当前部分中职学生在就业后频繁跳槽，问其原因：有的学生嫌工作苦、累，薪资低，受不得工作中的一丁点儿委屈，就选择辞职；更有一些人工作一个星期就炒老板，再找新工作，美其名曰“边就业边择业”。因此，中职学生要培养坚定的信念和持之以恒的工作态度，

将一件事做好做精。

中华民族历来有“爱岗敬业”“敬业乐群”“忠于职守”的传统美德，这也恰恰是中职学生应具备的职业素养。爱岗敬业者不会虚度光阴，会为了胜任自己的工作，积极调动自己的聪明才智，补扎实基础、练精湛技艺、攻克各种难关，在业务上取得不断进步，并逐渐得到用人单位的认可。对工作保持爱岗敬业、满腔热情、精益求精，长此以往，劳动者就能养成一种精业的习惯，良好习惯一旦形成，无形中就会产生一种力量，给个人的生活和工作带来价值，给平凡的工作增添许多色彩，水到渠成，瓜熟蒂落，这也必将使个人的职业生涯完美收官。所以，一个人成就的大小，其影响因素是他是否具有爱岗敬业的态度。因此，爱岗敬业是中职学生乐业、成才的基础，会让平凡的人生变得不平凡。

争做爱岗敬业职业人的誓言：我是中职生，我将认真学好专业知识技能，自愿做到乐学、勤学、精学，练好本领。将来进入职场，我将把爱岗敬业、无私奉献的精神作为职场的最大礼仪，认真践行爱岗敬业的基本要求，做一位干一行、爱一行、专一行、成一行的社会职业人。

（2）在平凡岗位上实现人生价值

劳模们的先进事迹展现出了“爱岗敬业、争创一流，艰苦奋斗、勇于创新，淡泊名利、甘于奉献”的劳动精神，“劳模”这个光荣的名字是各行各业中具有实干精神、创新精神的劳动者的荣誉称号，是与时俱进的社会象征。劳模奏响的是劳动的赞歌，弘扬的是劳动的精神。劳模精神体现出来的是一种实干与创新相结合的民族精神，折射出的是一种奋发图强、勇立潮头的劳动精神。不管将来我们从事哪个行业、走向哪个岗位，我们都要时刻牢记、时刻学习劳模精神，最终留给后人世世代代用不完的财富。

作为新时代职业人，我们要学习劳模精神，就要学习劳模报效祖国，服务人民的奉献精神。我们要牢固树立正确的职业观，把自己的人生理想和追求与工作紧密联系在一起，把有限的生命奉献给社会，来实现自己的人生价值；学习劳模立足本职、爱岗敬业的职业精神，不断追求一流的技术水平，干出一流的工作业绩，创造一流的工作效率；学习劳模勇于攀登、敢为人先的创新精神；学习劳模互帮互学、团结协作的团队精神，感悟他们用真情凝聚人心，用实干激励人心，用先进思想鼓舞人心的劳模精神。

第一，学习劳模坚定理想信念，以民族复兴为己任的主人翁精神。劳动模范之所以能在平凡的岗位上干出突出的业绩，就是因为他们始终有着为祖国、为社会、为人民干好事业的坚定理想信念。我们要像他们一样，志存高远、立足本职、爱岗敬业、扎实工作，在自己的岗位上为社会进步做出积极贡献。

第二，学习劳模勇于创新、争创一流、与时俱进的进取精神和开拓精神。我们要在不断总结工作经验的基础上，大胆寻求革新，创新工作方法。

第三，学习劳模艰苦奋斗、艰难创业的拼搏精神。劳动模范的先进事迹充分说明了事业是实干出来的，任何心存坐享其成、好逸恶劳思想和做法的人是不可能干出一番事业的。求真务实、兢兢业业工作，就是我们学习劳模的最好行动。

第四，学习劳模淡泊名利、默默耕耘、甘于奉献、乐于服务的忘我精神。不计较得失，不计较贫富，把自己的一切奉献给别人，这种精神是值得我们学习的，也是我们努力的方向。

学习劳模不是光喊口号，不是做表面文章，而是学习劳模所表现出来的品质和精神状态。劳模是一种指引方向、催人奋进的精神符号；劳模是一种能照亮前方、温暖人心的希望之光；劳模是一种人生道德观念和价值取向。时代的变迁、社会的发展证明了，劳动是人类文明进步的源泉，劳模是时代的标杆和旗帜，劳模精神是社会发展的宝贵财富。而今，在加快发展的关键时期，我们比任何时候都需要依靠广大人民群众的强大力量，比任何时候都需要发挥劳动模范的示范导向作用，比任何时候都需要弘扬具有时代特征的劳模精神。

作为学生的我们学习劳模精神要先做到爱岗敬业，将劳模精神与实践学习结合起来，从我做起，脚踏实地、雷厉风行、顽强拼搏，积极学习理论知识和技能水平，掌握扎实的基本功，提升自身职业素养，使自己在今后的工作中取得实实在在的效果，为社会的发展做出新的更大的贡献，努力成为新时代的楷模！我们是新时代的建设者和参与者，让我们以一种学习劳模、尊重劳模、崇尚劳模、争当劳模的精神去诠释优秀工作者的含义，以一种默默无闻、甘为孺子牛的心态做服务社会的先锋。

（3）做新时代奋发有为的职业人

劳模精神包含着热爱劳动、追求知识、努力创造的价值取向，这些取向都以劳动模范为承载者和实践者，是凝结劳模精神的导向。劳模精神，实际上折射出一个时代的人文精神，反映出一个民族在某一个时代的价值取向和思想道德取向。它简洁而深刻地展示着一个时代的精神演进与发展；它凝重而浪漫地体现着一个民族的时代思想与情愫。它是我们的宝贵财富，激励着全国各族人民应对各种挑战和机遇，是艰苦创业、团结奋斗、勇往直前的强大精神力量。回首新中国走过的几十年风风雨雨，劳模所体现出来的人文精神，代表着一个时代的价值观、道德观和精神风貌，同时还展示了中华民族顽强拼搏、自强不息的崇高品格，体现了我们伟大的民族能够与时俱进、开拓创新的精神风貌。时代变迁使每一个时期的劳模具有不同的精神品质和特点，但他们又有共同点，那就是主人翁的责任感和艰苦创业的精神，忘我的劳动热情和无私奉献的精神，良好的职业道德和爱岗敬业的精神，这些集中体现了中国广大劳动者的先进思想和精神风貌等优秀品质。劳模精神引领着时代精神，劳模价值创造社会价值。每一个时代的劳模都有其特点，但无论时代如何变迁，永远不变的是劳模精神的本质。

对于学生来说，我们应该借助榜样的力量，学习榜样的精神，从而更好地在日后的学习中努力拼搏，奋发向上。在学习劳模、弘扬劳模精神之前，首先要从内心尊敬劳模，认识到劳模精神并不是高不可攀的，它就生长于每一个具有普遍优秀品质的劳动者的心中。我们在以后不一定都能成为劳模，但我们皆能践行劳模精神。从现在做起，踏实地学习、生活，做好自己当下的事情及本职工作，这就是我们贯彻劳模精神的最基本方式。也许这样的劳模精神很平凡，但劳模精神的本质就是一种起于平凡的不平凡精神。没有惊天动地的业绩，但可以把每一件事情都做得尽心尽力、不留遗憾。劳模精神是一种水滴石穿的坚忍精神，没有惊涛骇浪的冲动，但日复一日、年复一年的坚守，终将放射出耀眼的光彩。

要养成精益求精、追求卓越的思想态度和行为习惯，就要从细处落实，加强引导和传导。要从小事做起，像一次卫生扫除、一次上机操作、一次技能练习等，都要做到一丝不苟、专心致志。因为专注是践行劳模精神的良好开端，今后我们要学习细致、耐心地对待学习和工作，从严要求，通过一次次的行为训练，让行动成为习惯，让习惯成为自然。我们还要做劳模精神的践行者，在一言一行上体现劳模精神，让每一个阶段的提升都成为展现和传导劳模精神的桥梁。

实践是我们养成劳模精神的必由之路，只有通过扎扎实实的实习教学和实践锻炼，才能真正具备劳模精神。在实操环节上尽可能地展现精湛技艺和追求卓越的意志品质，要树立正确、坚定的理想信念，要始终加强学习，要积极发扬吃苦耐劳、坚持不懈、艰苦奋斗的精神，培养自己在本职岗位上争当先进、争创一流的意识，做新时代优秀职业人。

案例品读

“只要功夫深，铁杵磨成针”这句话放在杨普身上再适合不过。80后杨普是河北省石家庄一家纺织公司里最年轻的高级技师，布机挡车工出身的她名气非同一般：全国劳动模范、中华技能大奖获得者、中国青年五四奖章获得者、河北省和石家庄市操作技术状元、河北省和石家庄市劳动模范、燕赵技能大奖获得者、河北省金牌工人、河北省优秀共产党员、2013年度中国纺织年度新闻人物……中国工人当下能获得的荣誉几乎都集于她一身。在纺织厂，接线头是最能体现技术高低的硬活。杨普刻苦钻研操作技术，别人机下练习接500个，她就接1000个；别人练1小时，她就练3小时；别人谈恋爱花前月下，她谈恋爱时手不离纱线。就这样，她手指硬是被软软的棉纱勒出了道道口子。功夫不负有心人，杨普的技术在不到20岁时就脱颖而出，一般女工一分钟接20个线头，她一分钟能接38个，她的接线头成绩比部颁标准提高了一倍，其成绩在国内同行中首屈一指。而就是因为有这样的技术，她不仅在省市职业技能大赛上屡夺桂冠，且在9年多的挡车工岗位上，累计超产棉布20多万米，成为企业的第一生产标兵，同事心中佩服的“织布工匠”。

头顶“技术能手”的光环，但朴实的杨普没有一丝骄傲，她每天在上班之余，不忘文化学习，通过成人自考、专升本等途径提升自己的文化学历水平。2007年她凭着丰富的知识积累和技能集成，被企业选聘为最年轻的高级技师。而就在技师这个岗位上，她总结出“机上打结不超过5毫米”“双手交叉”“主动引纬”等操作技巧，自创了“双套结”接线头手法，大大提高了处理断经、断纬速度，班产提高了2200米，年创造直接经济效益近500万元。2009年企业在工厂区建立了“杨普工作室”，给杨普安排了30名年轻成员，由她亲自主导开展“传技带徒、创新创效”为核心的企业员工成才“传、帮、带”活动。2014年以来，杨普培训青工达到300多课时，培训达1398人次，培养了144名操作技术精湛的青工，徒弟们的看机台面均由9台增长到12～18台，为公司年创效益300多万元；总结创新了近30项操作法，这些操作法统称“杨普操作法”，成为企业培训新员工的素材。

从一名技工学校的学生到全国劳动模范、中华技能大奖获得者，杨普扎根车间，以勤学苦练之硬功夫，独创总结出“七字”断经处理法、“八字”断纬处理法、双套结法、循环筘穿筘法等操作法。对于未来，杨普表示要立足岗位，带动更多的劳动者加入新时代的奋斗者行列，不负劳模的荣光！

案例解析

平凡闪耀劳动光辉，拼搏成就人生精彩，织女杨普为工人树立了模范。她发扬艰苦奋斗、勇于创新的精神，在平凡的岗位上传承创新、砥砺前行、奋发有为、再立新功！平凡的岗位也能揭示劳动价值，再普通的职业只要心怀梦想并为梦想尽力，终究会收获出色的人生。杨普的劳模精神激励了千千万万普通劳动者坚守信念、立足岗位、开拓创新、建功立业。

知识链接

人生之目的，为尽义务而来。每人必有一定职务，必做一番事业，此谓之职业……今之人误解职业，以得权利为惟一目的，实则不然。重在义务，不仅有益自身，且须有益于人群，始不辜负此人生。

——蔡元培

话题探讨

中华人民共和国成立之初，淘粪工人时传祥以“宁可脏一人，换来万家净”的实际行动，赢得了全社会的一致赞扬和尊重。自改革开放以来，一代又一代劳模奋斗在共和国广袤的大地上，他们是攻克一个又一个难题的科学家，是实现中华民族飞天梦的航天英雄，是推动改革不断向前的企业家，是攻克时艰、战胜疫情的白衣天使……时代在变迁，每一个时代的劳模都有不同的特点。那么，你心目中新时代的劳模应该是怎样的呢？

拓展学习

1. 学习专题报道“学习进行时”系列之劳动托举梦想，奋斗书写华章——以习近平同志为核心的党中央关心劳模和劳模工作纪实。

2. 观看“中工网”—“人物”—“中国梦·劳动美　劳动者之歌”专题。

3. 访问北京劳模工作管理平台网站。

劳动技能

怎样给室内环境消毒

第九课　做精益求精、追求卓越的未来工匠

学习目标

1）了解工匠精神的重要意义与价值。

2）在专业技能训练中自觉践行一丝不苟、精益求精的工匠精神。

3）感受到工匠精神的伟大，培养良好的工匠精神，成为真正有担当的未来工匠。

劳动认知

工匠精神是一种职业精神，是职业道德、职业能力、职业品质的体现，是从业者的一种职业价值取向和行为表现。工匠精神是成为优秀劳动者的内在驱动力，也是优秀劳动者核心竞争力的体现。自工匠精神被写入《2016年国务院政府工作报告》以来，工匠精神逐渐成为社会热门话题，大力弘扬工匠精神逐渐形成热潮。习近平总书记对我国技能选手在第45届世界技能大赛上取得佳绩做出重要指示强调，要在全社会弘扬精益求精的工匠精神，激励广大青年走技能成才、技能报国之路。

1. 什么是工匠精神

工匠精神包括高超的技艺和精湛的技能，严谨细致、专注负责的工作态度，精雕细琢、精益求精的工作理念，以及对职业的认同感、责任感。但是，这只是对工匠精神一般意义上的理解，还缺乏对工匠精神特殊性的研究。实际上，新时代的中国工匠精神，除了具有一般意义上工匠精神的内涵，还具有自身的特殊性：既是对中国传统工匠精神的继承和发扬，又是对国外工匠精神的学习借鉴；既是为适应我国现代化建设需要而产生，又是劳动精神在新时代的一种新的实现形式，它与劳模精神、劳动精神构成一个完整的体系，成为激励广大职工实现中华民族伟大复兴中国梦的强大精神力量。可见，工匠精神表现为精益求精、严谨专注的精神，通过工匠的精气神去创作品牌、发展品牌的精神理念；工匠精神注重的是产品的高品质和高质量，通过赋予产品的高度个性化审美观念，从而体现了产品功能之外的文化艺术价值。

工匠精神不仅仅是工匠的精神，同时也是一种大众精神以及全社会精神。在我国古

代，工匠技能以及精神的世代相传，是建立在“治事”以及“安身”实践基础上，同时在“师徒制”传授模式上实现延续以及发展。其中“治事”为古代工匠对于自身专业职责以及职业境界所具备的追求精神，其中“事”只有在“治”的基础上才能够实现对其内在规律的认识，从而体现自身价值。在《说文解字》中曾经有“事者，职也”，在古代“职事”则为一种官职。如果一个国家不具备“治事”的技术以及能力，则会对社会事业产生阻碍作用。古人云“工欲善其事，必先利其器”。因此，“治事”是我国古代工匠的一种职业价值追求。“安身”是工匠在从事某种职业中所具备的目的。如果是当权者的安身，即为“朝以听政，昼以访问，夕以修令，夜以安身”；如果是普通职业者和普通百姓的安身，则是“制其利用而安其生”，即为在学习过程中掌握一定的立身之技，以能够保障自己的生计以及生活，从而实现安家立命。从这一点可以看出，在我国历史演变过程中，“师徒制”实现了对于工匠技能和精神的传承以及发展，在“治事”职业境界追求以及“安身”个人目的两者博弈过程中，有效促进了我国古代工匠技能和精神的发展。我国古代工匠精神包括以下特点：首先，创新精神。美丽的丝绸、精致的陶瓷以及数不清的发明创造，无不体现着古代我国工匠无比的智慧和对完美的不懈追求。其次，精益求精的职业态度。庖丁解牛、运斤成风、百炼成钢……这些耳熟能详的成语，不仅是对工匠出神入化技艺的真实写照，也是对他们精益求精、追求卓越的职业态度的由衷赞美。

工匠精神其实适合于各行各业的生产环节之中，能够为企业不断改善自己产品工艺与质量水准。工匠精神的核心价值，在于让企业为社会大众提供品质最优的产品，确保消费者能够享受到最好的购物体验。对于我们国家的三大产业而言，每一个具体实物的生产与制造环节，都应体现工匠精神的重要内涵。工匠精神可以提升一个人的工作修养，使之时刻保持专业的操守。毫不夸张地说，广义的工匠精神几乎可以覆盖所有行业。新时代的工匠精神，是就业人员对自己岗位的无限热爱，对自己工作职责的一丝不苟与精益求精，是每一个新时代高素质人才都必须具备的一种精神。

2. 新时代的工匠精神

在新时代中，提倡工匠精神，不仅具有强烈的时代意义，同时也有其深刻的历史必然性。

纪录片《大国工匠》讲述了孟剑锋等八位不同行业匠人的故事。这八位匠人各自有各自的独门绝技，他们有火箭核心部件的焊接工，有传播制造业的焊接工，也有飞机制造厂的高级技工。虽然每个人的专业不同，个性差异显著，然而他们存在一个共同点，即都是几十年如一日地刻苦钻研技术，精益求精，苦练技能，在自身职业爱好以及兴趣

基础上，常年坚守，在平凡的岗位上不断探索，从而将自身职业技能发挥到极致，在我国制造业发展中创造了一个又一个的神话。在纪录片中，每个故事的主人公对核心技能的钻研体现着工匠精神。在当前经济社会迅速发展的环境下，人们所面临的诱惑越来越多，也呈现出一定的功利性，更加凸显了工匠精神的可贵之处。在“互联网+”的时代背景下，科学技术日新月异，各种各样的高新技术高速发展，人工智能程度越来越高，手工制造的产品面临很大的挑战。那么一个新的问题出现在人们的面前，现今社会背景下工匠精神还有存在的意义吗？答案是肯定的。工匠精神的重点是做事认真，在工作中追求完美、追求极致，富有责任心，不管是在哪个时代哪个行业都需要工匠精神。

3. 弘扬工匠精神，追求精益求精的职业境界

说到工匠精神，有同学就联想到木匠、铜匠、铁匠、石匠、篾匠等。其实不然，锲而不舍，以极致的态度对自己的产品进行精雕细琢，这种精益求精的精神才是工匠精神。工匠精神是从这些工匠身上体现出来的对设计独具匠心、对质量精益求精、对技艺推陈出新、为创作不遗余力的精神。大力弘扬工匠精神，不只是一句单纯的口号。中职学生更应该加强学习和培养社会所需求的工匠精神，将来才能在社会竞争中脱颖而出。工匠精神就是要求我们在日常的学习工作中练就耐心、执着、坚持的精神，并付诸行动，日积月累，不断提升自己的综合能力，在砥砺奋斗中凝聚力量，精益求精创造自己独一无二的价值，最后适应社会的发展。所以在国家高速发展的今天，我们更要有匠人之心，做工匠精神的优秀传承者。

要做就做最好，是追求极致的过程；是从99%到99.99%的过程，就是追求“没有最好，只有更好”的过程，这是精益求精的最高境界。实现中华民族伟大复兴，实现中国梦，不仅需要专业的技术，同时也需要精益求精的工匠，更重要的是工匠精神。“航空手艺人”钳工高级技师胡双钱就是现代社会的工匠人，他用精湛的技术和精益求精的精神，在30年的航空技术制造工作中，他经手过的上千万的零件，没有出现过一次质量差错，核准、划线、锯掉多余的部分，握着锉刀将零件磨边倒圆、去毛、打光……这样的动作重复30年。他用规范、标准和精确来对待每一个零件、每一道工序、每一次检测，将容易的事当艰难的事做，将细小的事当天大的事做，这就是一个当代工匠人对工作严谨的态度和精益求精的精神。

4. 感受工匠精神，放眼世界筑匠心

提到工匠精神，瑞士表匠可以把时间误差控制到不差毫秒、德国工人仅拧各种螺丝就要学习几个月，日本捏寿司的手艺人都能把寿司捏成极致的艺术品，这便是匠人精神的体现。其实工匠精神存在于世界的每个角落，工匠们用自己的双手和技艺，创造出一件又一件完美的艺术品。

随着经济全球化的到来，市场竞争越来越激烈，我国人民的消费观念也正在由“生存消费”转向“品质消费”，我国比任何时候都更需要工匠精神。工匠精神是当今我国经济转型发展的必要条件。它将引导我国加强技术创新，通过“增品种、提品质、创品牌”，提升我国制造业的整体水平与形象。坚守平凡岗位和秉持一丝不苟、精益求精的工作态度，对推动我国由制造业大国向制造业强国的跃升，使“中国制造”成为“中国创造”，真正实现中华民族的伟大复兴，具有重要的现实意义。

所以，在这个全球快速发展的时代，重提工匠精神，重塑工匠精神，学习工匠精神，是劳动者生存和国家发展的必经之路。作为中职学生，我们需要大国工匠等榜样的激励，更离不开自己潜心的学习，取其精华、去其糟粕，做心系国家未来的匠心人。

5. 传承工匠精神，精益求精追求卓越人生

党的十九大提出：“建设知识型、技能型、创新型劳动者大军，弘扬劳模精神和工匠精神，营造劳动光荣的社会风尚和精益求精的敬业风气”。弘扬工匠精神，让每一个技能人才神采奕奕，成为引领新时代的新潮儿。当前，我国正一步一步地从“制造大国”走向“制造强国”，这对企业的生存、发展提出了更高的要求。企业不仅仅需要努力培育出大批技术过硬的工匠和技术工人，还需要精益求精的工匠精神。因此，中职学生学习的目标就是走出校门能走向工作岗位。这就要求中职学生必须拥有上岗前所需的职业素养和熟练的技能，由于这个特殊的身份，工匠精神对于中职学生来说就尤为重要。

2016 年 3 月，李克强总理在十二届全国人大四次会议上所做的政府工作报告中提出：“鼓励企业开展个性化定制、柔性化生产，培育精益求精的工匠精神”，在这之后工匠精神受到广泛关注和热议，引发很多人的思考。而培育具有工匠精神的职业人正是职业教育的精髓。中职学生毕业后直接进入企业迈向工作岗位，所以职业院校的学生更要大力弘扬和传承工匠精神。传承不是单纯的继承，继承是传统工匠传承的一种主要方式，而新时代的工匠精神强调的则是在继承基础上不断创新。因为只有在创新的基础

上，才能跟上新时代步伐不断前进，才推动产品的不断升级换代，所以新时代的职业人更需要这种工匠精神，以满足社会的发展和进步。作为新一代的青年，我们更应担起肩上的责任，用精益求精的态度，把工匠精神代代相传。

案例品读

怀揣着梦想，李兆同学进入了计算机网络技术专业学习。入学时恰逢党的十八大召开，他赶上了一个好时代。

入学后，李兆勤奋好学。在一次专业课上，他偶然听老师讲到学校有一个叫网络综合布线的比赛，如果在比赛中获胜，就有希望代表中国去参加世界级的比赛，甚至成为世界冠军。“世界冠军”这个称号深深烙在他的心里，他便报了名，主动学习技能，刻苦坚持训练，认真听老师讲知识、讲技能，与学长们一起交流学习，通过自己不断的努力，他最终脱颖而出，成功地进入校队。2012 年，作为参赛队中唯一的一名新生，李兆代表学校参加了省级比赛。虽然成绩不尽如人意，但功夫不负有心人，经过坚持不懈地刻苦训练，2013 年，他代表学校再次参赛，并荣获了省赛一等奖的好成绩。

2015 年 3 月，李兆以全省第一名的资格顺利进入省集训队，与此同时，困难和压力也随之而来。省集训队的场地设在邢台技师学院，陌生的场地、封闭的集训生活等诸多现实的问题扑面而来，然而，想想“冠军梦”，李兆再一次凭借好学精神和坚强毅力坚持了下来，并以全省第一名的好成绩参加国赛。登上国赛的舞台，离梦想又近了一步，但似乎依然遥不可及。赛前正值暑假，其他同学都放假回家了，只有李兆一个人在高温下坚持训练。白天汗水浸透了他的工装，晚上脱下湿衣服洗净晾干。从早上 7 点吃完早饭，李兆就到实训基地练习，一直练习到晚上 9 点。有时候为了校正一个参数，他反反复复多次检验，终于获得了较为满意的结果。就这样日复一日地重复着同样的动作，在备战大赛的漫漫征程中他始终坚持着自己的初心。

2016 年，李兆以省赛第一名的成绩参加第 44 届世界技能大赛信息网络布线项目全国选拔赛，获得第四名的好成绩，并入选国家集训队，因他技术过硬、心理素质优异受到组委会一致好评。在国家集训队中，李兆经历磨炼，强化技艺，向世界技能大赛发起冲击。2017 年 11 月，他在第 44 届世界技能大赛中获得“突出选手先进个人”的称号。

毕业后，李兆以优异的成绩获得留校机会。2018 年，他作为指导老师，在全国职业院校技能大赛中职组网络综合布线比赛中为学校夺得了第一块金牌。从 2012 年与网络布线结缘到 2018 年拿下金牌，这 6 年隐藏着他的匠心与付出。他把工匠精神发扬光大，为中国制造贡献自己的一份力量。

案例解析

李兆同学就是我们身边真实的中职生通过努力奋斗成为工匠人才的例子，在榜样的示范作用下，我们广大的中职学生也应认识到中职教育同样可以让人生出彩。只要自己找准位置，静心学习、训练，补充自己，我们也可以成为优秀的工匠人。李兆同学能取得优异成绩，一是对个人形成正能量的心理暗示，告诉自己：我也可以成为技能工匠；二是鼓励同学们以身边榜样为例，潜心学习、静心训练，积极参加各种技能比赛，在比赛中增强自信心，以带动更多的同学行动起来，培养奋发图强的精神品质。

作为中职院校的学生，我们每个人都应该把工匠精神作为一种必备的职业素养和优良品质。时代虽在变化，匠人们却用劳动的双手，默默将匠心薪火相传。“匠心”，不仅是每个劳动者应当具备的自我要求，也是新时代中国制造和中国文化走向世界的重要基础。当前，我国正大步从工业大国向工业强国迈进，培育和弘扬工匠精神，能为中国的发展贡献力量。培育匠心，铸造匠魂，守住匠情，践行匠行，让传承百年的工匠精神在新时代焕发新生机，成就一个个中国神话。

工匠精神作为一种职业素养和优良品质，应成为每个中职学生的自我要求。每个中职生都应为推进中国制造的“品质革命”贡献力量。

话题探讨

从“制造大国”走向“制造强国”的进程中，国家大力提倡弘扬精业与敬业的工匠精神。对此，有人认为应当全面推行企业新型学徒制，大力传承工匠精神；但有人认为师徒制早已落伍，当学徒没出息，低人一等；也有人认为在工业化进程中，人的技术能力和作用在减弱和被取代。因而，通过学徒制推动工匠精神的传承这一做法根本无法落地。你是怎么认为的呢？

拓展学习

1. 观看《中国梦——大国工匠篇》。
2. 观看纪录片：《我在故宫修文物》。

劳动技能	
怎样擦玻璃	

第四单元

培育劳动品质

第十课　遵规守纪，筑牢安全意识

学习目标

1）了解遵规守纪的劳动内涵，了解并掌握所在专业的行业标准和职业规范，理解安全意识的重要性。

2）能够在专业学习和实习实训中自觉严格遵守规章制度，在保障安全的前提下参与劳动实践，能够规范自己的言行。

3）能够发自内心地认同规章制度，树立规则意识，提高安全意识，养成良好的职业操作习惯。

生活中，生产单位的工作者遵守操作规范进行生产劳动，生产产品；超市、餐厅等经营者依法依规从事商业活动，为消费者提供服务；志愿团体按照社会规范和制度参加志愿服务性劳动……每个参与劳动活动的职业人在上岗前必须具备遵规守纪的素养、筑牢安全意识，只有这样才能保证劳动者在社会中平稳有序地开展劳动活动、创造价值，为实现中华民族伟大复兴的中国梦做出自己的贡献。

劳动认知

遵规守纪是劳动者必备的素养品质，指人在学习、工作或生活中自觉遵守相关的规章制度和法律纪律，按相关规定行事，不做违反规章制度或法律法规的事情。小到班规校纪、大到行业标准，再到国家法律法规，都是我们需要共同维护和遵守的。遵规守纪不仅表现在外在的行动中，更要从内心里认同规则背后的精神内涵，并且自觉自愿践行。

古人云："不以规矩，不成方圆"。规则是现代文明社会的筋和骨，给人们的行动和行为规范了边界，规则意识应该成为现代人的基本共识。改革开放以来，我国的法治建设逐渐成熟、规则体系日趋完善，引导培养人们形成法律信仰、法治观念、规则意识成为摆在我们面前的重要课题，劳动活动中遵规守纪意识的培养尤甚。但在生活中，有时我们依然会看到一些人法律规则意识淡漠，出现违法违纪的现象：公共场所，有人大声喧哗，对于旁人的劝告充耳不闻；有些司机，不遵守机动车驾驶规定，给过往车辆和行人带去危险；一些企业逃避安全生产检查，企图蒙混过关，最终酿成严重生产事故……遵规守纪，是帮助我们协调人与人之间关系的"黏合剂"，是保障劳动者人身和财产安全的"压舱石"，更是维护现代社会正常运转的"润滑油"。法律法规、规章制度、道德规范等被接受和广泛地遵守是一个社会文明进步的标志，那么我们该如何培养自身的遵规守纪意识呢？

1. 了解规则，树立意识

你是否了解自己学校的校规校纪？你是否知道所学专业的行业规范？你是否知道最新出台的法律法规？规则是社会秩序的保证，只有人人都了解自己所在社会、团体的规则，了解其本质内涵和现实意义，才能提高遵规守纪的素养，达成遵守规则的契约。

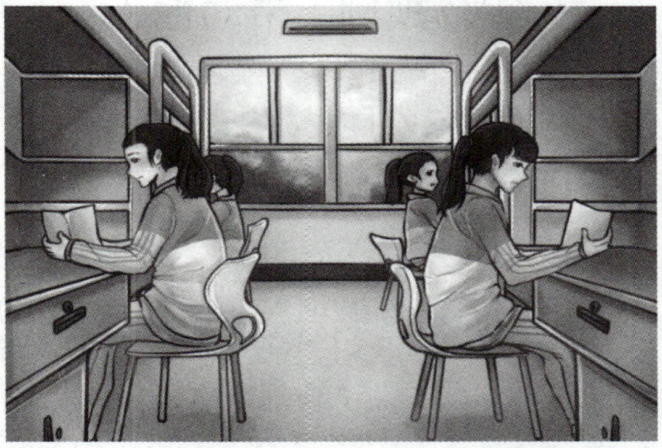

劳动中树立规则意识，从学习学校相关制度规范开始。例如，某学校提出并建立了以"整理、整顿、清洁、清扫、素养、安全、节约、服务"为主要内容的管理标准，同学们一进入学校就要以此标准对教室、宿舍等场所的环境进行维护，在日常就养成良好的校园生活劳动习惯。此外，在学校的学习生活中，同学们还要了解学校的一日常规，上课时应该保持安静，认真听讲、讨论、回答问题；下课后，应该在规定时间内放松休息，不可追跑打闹……

规则与纪律不仅告诉我们应该如何做，也会告诉我们假如未能遵守相关规则，将受到的相应惩罚或付出的代价。例如，上课迟到需要向授课老师做出解释和说明，随地吐痰会被罚款、被他人视为不文明行为，生产不合格产品将被处罚。随着网络的发展普及，一些人员开始利用网络开展违法违规的活动，企图逃避制裁；但我们知道，互联网不是法外之地，2016 年，我国颁布了《中华人民共和国网络安全法》，用以规范人们正确使用网络，保障人民的用网安全。网络社区也有规则和秩序，违反规则必将承担责任。惩罚或代价的存在在一定程度上督促人们主动了解规则，让人们了解到什么行为是被认可、接受的，什么行为是不被认可、不被允许的。在规则的范围内开展劳动活动，才能维持社会的正常运转和公平公正。

2. 遵守规则，严于律己

“法规制度的生命力在于执行”，规则制度体系的逐渐完善离不开每个人的遵守和实践。军人是遵守规则的极致和典范，服从命令、遵守纪律是军人的天职。他们将规则和纪律贯穿于生活中的一点一滴、一言一行，持之以恒地以最高标准严格要求自己。规则纪律的严格执行换来的是高素质、高水平的人民军队，才能在阅兵中展示国家威严、彰显民族的浩然正气。普通人在生活中虽然无须做到像军人这般严明，但也有应该遵守的行为边界，知道有所为，有所不为，在法律和规则的范围内开展日常活动。

君子慎独。很多时候，我们的言行并不处于其他人的监控之下，如我们可能要在独立的情况下完成岗位工作。那么此时，我们是否要遵守规则、认真完成任务呢？答案是显而易见的，无论身边是否有人在场，我们都应该按照既定的规范来要求自己，不因周围环境的变化降低标准。增强遵规守纪的主动性和自觉性，发自内心地将遵守规则作为个人的行事标准和价值选择。

3. 宣扬规则，带动他人

作为社会公民，每个人不仅要树立遵规守纪的意识，自觉遵守各项规章制度，还要向身边的人宣扬规则意识，带动他人一起做遵规守纪的文明人。

还记得哭着管教自己父亲的小男孩吗？小男孩看起来六七岁，父亲被执勤交警拦下，查出醉酒驾驶。小男孩边哭边训斥自己的父亲，“你说你羞不羞耻？你还笑？”尽管男孩认为批评自己的父亲是不对的，但他知道自己的父亲违反了道路交通行驶的有关规定，哭着批评父亲因为没有遵守规则而被拦截。孩子教大人遵守交通法规的反差使这个新闻事件立刻在媒体上传播，这也让我们看到规则面前，人人平等。家人之间、朋友之间，甚至陌生人之间，无论年龄、身份多么悬殊，我们都有义务告知、提醒对方遵守规则。这不仅是维护规则的权威性，更是为了告诉其他人，只有遵守规则才能保护健康和预防危险。

> **知识链接**
>
> 没有纪律，就既不会有平心静气的信念，也不能有服从，也不会有保护健康和预防危险的方法了。
>
> ——赫尔岑

当然，宣扬规则也需要正确的方式方法，才能获得他人的认同和支持。首先，我们要做到言行一致，以身作则带头遵守；否则，自己违反规则后再去劝导他人，又怎能让其他人信服呢？其次，劝导他人时要语气温和，耐心细致，讲明遵守规则的原因和益处，让其他人发自内心地接受。最后，要善于肯定他人的长处，指出他人的不足之处，鼓励他人遵守规则。

案例品读

这个学期对于汽修专业的甄佳来说，是截然不同的，因为盼望已久的顶岗实习终于到来了！他终于可以在维修车间一展身手了！

来到宽敞明亮的维修车间，甄佳马上就被墙上的标语吸引，“革除马虎之心，提高维修品质”。他又看了看旁边的《汽车维修安全操作规程》，每一条、每一款似乎在课本中都读到过。他暗下决心要多动手、多实践，向师傅学技术、学本领。实习的第一周开始了，他非常热情地投入到车间的工作中。他模仿着师傅的样子更换润滑油，拆装空滤芯、汽油箱等部件，看到同事在维修车轮刹车，他又忙不迭地过去帮忙，好像有使不完的劲儿。甄佳对自己的工作表现十分满意，他在日记中写道，“车间的工作很充实，唯有修车技术是我今后发展的看家本领”。

这天，趁工作不忙时，师傅找到甄佳，“你觉得在车间的工作怎么样?”

甄佳略带兴奋地将这几天的所见、所为、所感都告诉了师傅，对于维修车间的车辆零部件如数家珍。

“《安全操作规程》学得怎么样了?”，师傅又问道。

甄佳睁圆了眼睛，一时语塞：“哦，我读过一些，了解过……”

师傅见状，缓缓地对他说：“我看到你在车间很勤奋地忙来忙去，向这个学、向那个学，我很欣慰。但你还记得那个扳手吗?”

甄佳猛然间想起，在一次车辆检修中，他在匆忙间遗留在发动机上的一只扳手，如果不是师傅叫住他，恐怕又要造成不必要的失误。他感到有些不好意思，也渐渐明白了师傅的意思。

师傅走近了一步，语重心长地说：“修车技术固然重要，但学习咱们的行业规范、正确的操作规程更加重要。咱们这些规矩，看起来很琐碎，看起来差不多都知道，但在真正工作中保持这些习惯并不容易。只有按这些规范行事，才能修好车，做到万无一失，这也是咱们专业技师职业的体现呀!”

甄佳若有所思地点点头。当天工作结束后，他便拿出师傅送给他的《汽车维修安全操作规程》，每一

字每一句地认真研读起来。在这一天的日记中他写道，“巨匠是在严格的规矩中施展创造才能的，只有遵守规则、形成习惯，才能在细节中取胜！”

案例解析

专业技术、规则和纪律一起为职业发展保驾护航。作为新时代的技术技能人才，练就过硬的专业技巧固然重要；但在此之前，学习正确、规范的操作，养成良好的职业习惯对于终身职业发展具有更加深远的意义。相比于灵活有趣的技巧实践，制度规范的理论学习似乎琐碎枯燥。但我们要知道，所有安全生产管理制度的建立并非为了桎梏手脚，每一个规定的背后都可能是一次惨痛的教训，是前人对于安全生产的经验总结。站在前人的肩膀上，青年人要打牢安全原理、规范操作、专业素养的基础，形成规则意识，心中永远谨记“遵规守纪、安全生产”，才能在职业发展的道路上大显身手、大展宏图！

话题探讨

进入职校一段时间了，同学们对于遵规守纪的重要性有不同的看法：

甲同学说，学校的规章制度不一定需要严格遵守，只要走入社会后不犯法、不做违规的事情就行了，没必要特意学习。

乙同学说，为了提高工作效率、增加业绩，稍微违规也没关系，也不是所有人都完全遵守规定吧。

丙同学说，现代职业人要学习规则，认同规则，只有遵守规章制度，安全地参与社会劳动，才能在职业道路上走得更远，为国家和社会创造更大的价值。

你怎么看待以上同学的观点呢？说说你的想法。

拓展学习

1. 阅读教育部《中小学生日常行为规范》。
2. 阅读教育部《中等职业学校学生公约》。
3. 观看新华网报道：《90后高铁司机：车辆进站精确到秒 年夜饭是泡面》。

劳动技能

怎样清洁卫生间

第十一课　诚实守信，体悟责任担当

学习目标

1）了解诚实守信、诚实守信劳动的内涵；理解诚实守信劳动对自身和社会发展的重要意义。

2）能够结合所学专业在学习及生活中开展诚实守信劳动。

3）培养诚实守信劳动的品质，求真学问、练真本领、务实肯干、砥砺前行、迎难而上、承担责任，以奋斗之青春书写人生之华章。

“人世间的美好梦想，只有通过诚实劳动才能实现；发展中的各种难题，只有通过诚实劳动才能破解；生命里的一切辉煌，只有通过诚实劳动才能铸就。”党的十八大以来，习近平总书记在不同场合，多次围绕“焕发劳动热情、释放创造潜能”进行深刻阐述，为形成诚实守信劳动、用实干创造美好生活提供了根本遵循。新中国成立以来，涌现出了一批批杰出的诚实守信劳动者。有为石油事业革命的“铁人”王进喜；有扎根在漫天的黄沙中，日夜奔波在抗灾斗争前线的“人民公仆”焦裕禄；有30多年在大山深谷之中穷尽青春年华，吃苦耐劳、克己奉公的王顺友；还有“两弹元勋”邓稼先、“杂交水稻之父”袁隆平、“共和国勋章”获得者钟南山、“诺贝尔奖”获得者屠呦呦……这些响当当的时代劳模、国之脊梁，都是诚实守信劳动者的代表，他们坚守初心，为了一份信任，一句给人民的承诺，坚定诚实守信的价值理念，践行社会主义核心价值观，深刻认识唯有诚实守信劳动，才能干出无愧于时代的业绩，唯有诚实守信劳动，才能真正挑起时代重任，在各自岗位发挥作用，为人民创造价值！

诚实守信，自古以来是中华民族的传统美德，曾子杀猪、立木为信、尾生抱柱、一诺千金等诚信故事不胜枚举。诚实，即诚恳，不隐瞒、不说谎、不作假；守信，就是讲信用，信守承诺，忠诚于自己承担的责任。我们倡导的“爱国、敬业、诚信、友善”公民层面的社会主义核心价值观，寄托了中华民族对美好生活的向往，这其中就包含了诚信。人无信不可，民无信不立，国无信不威。诚实守信，是一种美好的道德品质，是一个人安身立命之本，是一种不可或缺的社会责任。

那么，什么是诚实守信劳动呢？

劳动认知

诚实守信劳动是指在劳动过程中树立诚实守信的意识，以主人翁的态度对待劳动的一种道德规范，不论是个人还是企业，在劳动中不投机取巧、不偷奸耍滑、不偷懒作假，做到真才实学、实干求真，遵守劳动纪律、践行劳模精神、承担劳动责任，在各种法规、各项政策允许的范围内从事各种有益于社会发展的体力劳动和脑力劳动，比如，生活生产、科研服务、工农业劳动等。

知识链接

诚信小故事：曾子杀猪

曾子之妻之市，其子随之而泣。其母曰："汝还，顾反为女杀彘。"妻适市来，曾子欲捕彘杀之，妻止之曰："特与婴儿戏耳。"曾子曰："婴儿非与戏也。婴儿非有知也，待父母而学者也，听父母之教。今子欺之，是教子欺也。母欺子，子而不信其母，非所以成教也。"遂烹彘也。

——《韩非子·外储说左上》

我们崇尚劳动、尊重劳动，更要正确地付出劳动、从事劳动。以诚信为先、以诚信为重、以诚信为美，这才是劳动应有之义。"诚实守信"这一宝贵的品质在劳动中是不可或缺的。

诚实守信劳动铺就了梦想基石。习近平总书记在十九大报告中指出："实现中华民族伟大复兴是近代以来中华民族最伟大的梦想"。要实现中华民族的伟大复兴，只有依靠劳动，崇尚劳动，以诚实守信劳动引领社会风尚，才有可能实现。古人云：功崇惟志，业广惟勤。习总书记在给中国劳动关系学院劳模本科班学员的回信中指出："劳动最光荣、劳动最崇高、劳动最伟大、劳动最美丽。全社会都应该尊敬劳动模范、弘扬劳模精神，让诚实劳动、勤勉工作蔚然成风。"实现中华民族伟大复兴的中国梦，要靠各行各业人们的辛勤耕耘，勇往直前，每一位劳动者必须弘扬脚踏实地、勤劳工作、诚实守信的劳动精神。

诚实守信劳动推动了社会发展。我国经济的科学发展，社会的不断进步，离不开不计其数的诚实守信劳动者们卓越的劳动创造、忘我的拼搏奉献。神舟飞天，嫦娥探月，蛟龙潜海，北斗组网，天问探路火星，高铁四通八达等这些伟大成就都离不开诚实守信的劳动者们。一系列上天入地的大国重器从"跟跑者"变身为"领跑者"，无不一一证明了诚实守信劳动正在推动着社会的发展与进步。

诚实守信劳动铸就了工匠精神。诚实守信劳动的本质特征是自觉的工匠精神。董明珠在一次演讲中提到过，诚信是工匠精神的核心。秦代制器上刻有工匠的名字，不是为了留名青史，而是质量追溯，是匠人敢于拍下胸脯承担完工责任的体现。我们青年人将步入不同工作岗位，要有“干一行、爱一行、钻一行”的态度，在自己的工作岗位上恪尽职守、专注执着、诚信劳动，尽到自己的责任和义务，就能干出不平凡的业绩，培育出精益求精的工匠精神。

既然诚实守信劳动如此重要，我们作为一名中职生如何做到呢？

1. 求真学问，练劳动真本领

2018年五四青年节，习总书记对青年人提出：“希望广大青年珍惜大好学习时光，求真学问，练真本领，更好地为国争光、为民造福”。诚实守信劳动的关键是掌握好劳动知识和技能，要会劳动，不盲目劳动；没有金刚钻，不揽瓷器活，有真刀真枪，才能事半功倍。我们中职生要善于学习，勤于思考，练就一身真本领，掌握一手好技术，不断提高自身的劳动技能，才能适应社会劳动产业发展的需求。

“杂交水稻之父”袁隆平，他一生只做了一件事，那就是解决了中国人吃饭的问题，为世界上众多还在挨饿的人带来了希望。从选择研究杂交水稻起，他求真学问，读遍了国内外有关杂交水稻的期刊，沉下心来在稻田里找寻杂交水稻。而如今，袁隆平团队依旧在不停学习努力攻关，希望解决盐碱地能种庄稼的问题。一个人，一辈子，一件事，用生命在求真，用岁月见证初心。

知识链接

搞科研，要有一种在国际上争先的精神。就像跳高一样，跳过一个高度，又有新的高度在等着你；要是不跳，早晚要落在人家后头。

——袁隆平

2. 务实肯干，不断砥砺前行

宝剑锋从磨砺出，梅花香自苦寒来。诚实守信劳动的过程是劳动时，保持务实的态度和肯干的作风，遵循劳动纪律，不偷懒、不作假、不耍小聪明，“一夜暴富”“投机取巧”“走捷径、抄小道”的想法不可取。青年人要砥砺奋进，肯学肯干肯钻研，上好实干的底色，在百舸争流、千帆竞发的洪流中勇立潮头，在实践奋斗中砥砺前行，扎根平凡岗位做好本职工作，将来一定能成人成才成功。

全国劳动模范、全国道德模范、全国诚信之星、全国五一劳动奖章获得者、大国工匠红旗渠工二代李江福，他一步一个脚印，务实肯干，从学徒到质检员、项目工程师再到高级工程师，对工程的每一个部位、施工的每一道工序都亲自查验把关，从不允许偷工减料。质量不过关时，他坚决返工重来。从事建筑行业以来，他一直恪守承诺，用诚信劳动铸就了一砖一瓦，点亮了精彩人生。

知识链接

我不否认咱们出来是为了挣钱，但咱们建筑行业做的是百年基业，质量永远是第一位的，盖楼一定要重质量、讲诚信，做人一定要厚道、要诚实。

——李江福

3. 迎难而上，树立责任担当

言必行，行必果。诚实守信劳动贵在遇到困难不逃避，用诚实守信态度来攻克难题。言而有信、一诺千金，是自古流传至今的美好品德。不做好逸恶劳的啃老族，面对学习工作的困难，我们要敢于迎接，不退缩，秉承诚恳诚信的态度，勤劳肯干，吃苦耐劳，挑起责任担当。小到班级集体劳动不偷懒、不作假，大到步入工作岗位兢兢业业，人无信不立，业无信不兴，国无信不强。守信于己、诺信于人、践信于行，个人、社会和国家都应让诚信落地生根、枝繁叶茂。青年人只有遇到困难迎难而上，积极承担责任，才能释放出助推个人成长、社会进步、国家强盛的巨大能量。

为国家扶贫攻坚事业献身的黄文秀从北师大毕业后，放弃了大城市的工作机会，回家乡担任广西白坭村第一书记。她藏起了漂亮的裙子，挽起裤腿，把双脚扎进泥土，把生命献给了党的扶贫事业。在驻村日记里，她写道："每天都过得很辛苦，但过得很快乐！"她信守承诺，遇到挫折撑得住，关键时刻顶得上，用自己最美青春年华书写了人生华章。

案例品读

"一条路，走了半个世纪；一件事，倾注了全部心血。前半生，她把热血洒向三尺银幕；后半生，她带着使命穿行千村万户。从填补心灵的空白，到照亮脱贫之路。诚信就是言必信、行必果，说了就要做，做了就做好。一撇一捺写人格，一诺千金不打折。"这是中宣部、国家发展改革委发布的2019全国十大"诚信之星"中献给郭建华的颁奖词，是对郭建华诚实守信精神的最高褒奖。

知识链接

言必诚信，行必忠正。——孔子

诚实是人生的命脉，是一切价值的根基。

——德莱

诚实和勤勉应该成为你永久的伴侣。

——富兰克林

郭建华是新中国第一代女农村电影放映员，1976年，她开始从事这个朴实无华的工作。一开始，父老乡亲叫她“放电影的好闺女”；后来，孩子们叫她“放电影的好妈妈”；现在，大家称她“放电影的老太太”。

为什么她能坚守放映场43年呢？“只要乡亲们喜欢看，俺情愿当一辈子乡村放映员。”就是这样一句承诺，让她43年如一日坚守农村电影放映阵地，再苦再难初心未改。

在当放映员的20年里，她为父老乡亲们放映了13000场电影；当站长和电影公司经理23年里，她共组织放映故事片、科教片140000场次，观众达上亿人次。连她的两个女儿也与电影有着不解的缘分，都是在她正放映电影时出生的。每次放映结束后她赶紧回家，孩子在家里嗷嗷待哺等着她，而她在路边一边等车一边啃冷馒头，虽然工作苦累，但没有挡住她对父老乡亲们的承诺。

她的人生，是用一部部电影书写成的。近年来，她又俯下身来全心全意投入党的扶贫攻坚事业，她相信“一部好的电影能够影响一个人的一生”，为父老乡亲们放映农村扶贫扶志故事片、科教片，让更多的贫困群众看好电影增智力、长志气，用文化扶贫，让农民有戏看、有书读、有电影看，帮助困难群众脱贫致富学本领。

如今的她，依旧坚守在农村电影放映一线。她说道：“电影是我的生命，我最大的心愿就是把银幕高高地挂起来，让群众文化活动火起来，让父老乡亲们乐起来，让精神文明传播开来。”

初心不改，信守承诺，她的一句铮铮誓言，饱含了对党的忠诚、时刻为民的情怀。

案例解析

郭建华43年如一日，坚守“只要乡亲们喜欢看，俺情愿当一辈子乡村放映员”的诺言。她始终坚定一个普通而又不普通的信念——为农民放电影，把为群众放一部好电影、让群众看一场好电影，作为自己的初心。她以实际行动诠释了诚实守信的宝贵劳动品质，践行了全心全意为人民服务的铮铮誓言，在平凡的岗位干出了不平凡的业绩，充分展现了新时代中国人重信守诺、信誉至上的精神面貌，是社会主义核心价值观的模范践行者，不愧为全国“诚信之星”。

我们在学习、生活、工作中从事任何劳动，要像郭建华一样坚守初心，学习她诚实守信的精神，在劳动中品尝艰辛，在艰辛中磨炼我们的意志。为了兑现一句承诺，她用青春年华来书写，融入毕生心血。她抱着对党的事业的忠诚，对人民群众的热爱，把为农民放电影这一件小事作为毕生追求，坚守放映工作岗位43年。她利用文化扶贫，增添人们战胜贫困的志气，照亮人们脱贫的道路。

劳动不分贵贱，不分大小，青少年只要肯学肯干肯钻研，练就一身真本领，掌握一手好技术，就能立足岗位成长成才，在劳动中体现价值、展现风采、感受快乐。青年人要争做诚实守信的劳动者，要以郭建华为榜样，坚守初心，践行誓言，诚实守信，用佳绩实践中国梦，用“爱岗敬业、争创一流、艰苦奋斗、勇于创新、淡泊名利、甘于奉献”的新时代劳模精神，以奋斗之青春书写人生之华章！

话题探讨

话题一：诚实守信劳动等于吃亏吗？

电商购物已经成为广大群众消费的重要渠道，“618”“双十一”等购物节逐渐被消费者接纳。然而方便快捷的主播带货给一些不法分子提供了生存空间，他们与主播勾结在一起卖假货，实施侵权假冒的犯罪行为，严重侵害了消费者和企业的合法权益。对于这种情况，同学们有不同看法。

甲同学说：网上假货多了去了，也不差这一点儿，我遇到过好几次网购实物与卖家描述不一致的情况。

乙同学说：如今不少人把诚实守信劳动当作吃亏，说谎话反倒有好处，不讲诚信反倒能占便宜。

丙同学说：诚实守信乃做人之本，连最起码的道德都丧失了，即使赚快钱，也是赚的违心钱，这样的劳动是可耻的，令人唾弃的！

丁同学说：谁让现在诚实守信做事干不过投机取巧呢，一旦投机取巧占了上风，自然就没有人诚实守信劳动了。

你怎么看待以上同学们的观点呢？诚实守信劳动等于吃亏吗？请说一说你的想法。

话题二：垃圾应该随便扔还是要诚信分类？

2019 年 7 月 1 日，《上海市生活垃圾管理条例》正式实施，北京、苏州等城市陆续跟进，中国开始迈入“垃圾强制分类时代”。

垃圾分类开展得如火如荼，但同学们对垃圾分类有不同的看法。

甲同学说：垃圾就应该随便扔，为什么要进行垃圾分类？

乙同学说：我知道垃圾分类，但分不清垃圾如何分类，收拾班级垃圾的时候，我都是随便装一起，反正没人知道。

丙同学说：我看见环卫工人收垃圾虽然有分类，但他们收垃圾时是直接将分类垃圾箱内的垃圾倒入垃圾车，如果环卫部门都是混合装垃圾，那我们分类投放也没用，所以干脆就随便放了！

丁同学说：垃圾分类很重要，能够帮助我们节约资源，减少环境污染，我们要诚实守信、积极动手、自觉参与垃圾分类。现在有些城市已经将垃圾分类纳入社会诚实守信体系，垃圾不分类将影响个人征信。

你怎么看待以上同学们的观点呢？垃圾随便扔还是要诚信分类呢？请说一说你的想法。

拓展学习

1. 阅读“全国劳动模范”“诚信之星”“时代楷模”的故事。

2. 观看 3·15 专题节目：《诚信的力量》。

3. 调查身边人对诚实守信劳动的态度和看法。

劳动技能

怎样洗衣服

第十二课　吃苦耐劳，培育积极态度

学习目标

1）了解吃苦耐劳品质的内涵。

2）能够在日常学习、生活、实习实训、未来职业道路中做到不怕苦、不怕累、敢吃苦、能吃苦。

3）养成吃苦耐劳的习惯，积极奋进，并学会在“苦”与“劳”中净化灵魂、磨炼意志、坚定信念。

4）养成直面挑战的积极人生态度，做自己人生的开拓者。

习近平总书记在中国共产党第十九次全国代表大会上指出，“中华民族伟大复兴，绝不是轻轻松松、敲锣打鼓就能实现的。全党必须准备付出更为艰巨、更为艰苦的努力。”现在的青少年绝大多数在不愁吃穿的环境中长大，培养他们的吃苦耐劳精神需要比过去付出更多努力。习近平总书记在北京大学师生座谈会上对广大青年提出了“要励志，立鸿鹄志，做奋斗者”的希望。青少年要明白，无论任何时候吃苦耐劳的精神都不能丢，正所谓“志不求易，事不避难”。如果想创造出彩人生，就必须直面苦难，肯于吃苦，敢于吃苦，撸起袖子加油干。

劳动认知

一般来说，苦是人的消极感受，本意是苦味，引申为痛苦、苦难的意思。苦既包括物质层面，也包括精神层面。生活拮据、精神空虚等都可称为苦。因此，当我们在评价一个人吃不了苦的时候，应该包括物质和精神两个层面的苦。劳是生产性和创造性的实践活动，是人类发展和社会进步的根本力量，包括日常生活劳动、生产劳动和服务性劳动、创造性劳动。

吃苦耐劳的意思是能过困难、艰苦的生活，也经得起劳累和辛苦；同时形容人坚韧不拔。

在数千年的历史长河中，中华民族以吃苦耐劳著称于世，“生于忧患、死于安乐”成为众多仁人志士的座右铭，伟大而勤劳的中国人民用自己的双手创造了彪炳千秋的灿烂华夏文明。

古人云：“一箪食，一瓢饮，在陋巷，人不堪其忧，回也不改其乐。”这便是古人懂得吃苦、享受吃苦的吃苦之道。吃苦耐劳可以磨炼人的意志，同样也是一个人成功的必经之路。吃苦耐劳不仅仅是一种境界，也是一种财富。“天将降大任于斯人也，必先苦其心志，劳其筋骨，饿其体肤……”讲的就是这样的道理。

在新时代，随着新技术、新科技和新工具的广泛应用，吃苦耐劳的精神有了更加丰富的内涵。

第一，新时代吃苦耐劳精神有更多的主动选择性。由生存资源匮乏时的不得不吃苦耐劳，转变为主动选择、积极参与的吃苦耐劳。人的一生都在发展变化，需要付出努力才能成功。在吃苦耐劳中，自我坚持、自我激励、自我成长，并使之成为一种正向循环，激励人前进。

第二，新时代吃苦耐劳精神意味着更多的公民精神、公益精神和专业精神。作为一名现代社会的公民，人们更加注重自由、平等、民主、公正、互利，所以，吃苦耐劳多指在社会实践、社会公益服务及专业职业领域的不怕苦不怕累的精神。

第三，新时代吃苦耐劳精神意味着体力和脑力的结合。中职生不仅需要必要的体力锻炼，更需要智力的挑战和手、脑、心的结合，将吃苦耐劳赋予新时代的精神内涵。

或许有的人天赋异禀，但这不意味着他们不必吃苦耐劳；命运一向掌握在那些勤勤恳恳、吃苦耐劳的人手中，一分耕耘才能获得一分收获，世界上绝没有轻易地不劳而获和唾手可得。新时代的青年要时刻不忘初心，牢记使命，为民族伟大复兴事业再立新功。青年人要发扬吃苦耐劳的精神，在工作流程中的各个环节，多问多学，多交流、多探索，不断磨炼自己成为一名出色的新时代青年，在平凡的岗位上做出不平凡的业绩。

知识链接

古之立大事者，不惟有超世之才，亦必有坚忍不拔之志。

——北宋　苏轼

我们中职生如何在日常学习生活中培养吃苦耐劳的品质呢?

第一步，养成良好的生活习惯，自己的事情自己做，做到自理、自立、自律，主动承担家务活、体力活，从小事做起，在日常生活中体味吃苦耐劳。第二步，养成兴趣爱好，培养一项具有一定挑战性且需要长期坚持的兴趣爱好。例如，爬山、长跑等，在兴趣爱好中做到吃苦耐劳。第三步，为自己设定一个长远且不易达成的目标，并将其分为一个个小的阶段性目标，按照计划逐一完成。例如，开展专业技能训练，在逐步达成目标的过程中培养吃苦耐劳的优秀品质。

案例品读

放眼望去，但凡在自己的行业领域内取得一定成就的人，无论是国家级工匠，还是某个行业领军人物，抑或是获得全国技能大赛冠军的中职生，都离不开吃苦耐劳的优秀品质。接下来，我们一起了解汽修行业的三位人物：全国劳动模范魏俊强、世界技能大赛喷漆项目冠军杨金龙以及职业院校技能大赛冠军黄小林，看看他们是如何敢吃苦能吃苦，最终取得辉煌成绩的吧！

案例一

三十多年修车生涯，从普通的修车工人，到全国劳动模范，再到企业的技术带头人，再到拥有自己名字的品牌，他的经历书写着传奇。在众人的眼中，他是被无数光环围绕的大国工匠，在他自己的眼中，他是魏工——魏俊强。

魏俊强说："我的人生经历中没有天赋二字，全凭自己的刻苦努力钻研得来"。魏俊强小时候就懂得"吃得苦中苦，方为人上人"的道理，抱着学什么就得学明白的态度，他上学期间，把学校里一台美国汽车、一台解放卡车和无数汽车的零件换了一遍又一遍，冬练三九夏练三伏，身上、脸上、手上全是油。最终他对汽车结构了如指掌，为从事汽修行业打下了坚实的基础。

1980 年夏天，魏俊强以优异的成绩毕业，进入了当时主要修理驻华使馆高档轿车、中央领导机关专用轿车的北京市汽车修理公司第六厂。但上天仿佛要为他的人生设置关卡，刚刚打开职业生涯的他，迎来了苦难——魏俊强被查出骨肿瘤。经过手术治疗，他保住了性命。他没有怨天尤人，而是抓住静养的机会，把从前在校时的汽车教材又学习了一遍，还自学了清华大学、复旦大学的计算机基础、电子、液压、机电控制等方面的书籍。苦难于他而言变成了蜕变的机会，吃苦耐劳让他破茧成蝶。

> **知识链接**
>
> 故天将降大任于斯人也，必先苦其心志，劳其筋骨，饿其体肤，空乏其身，行拂乱其所为，所以动心忍性，增益其所不能。
>
> ——《孟子》

他就像一名医术高超的老中医，"望、闻、问、切"被他熟练地应用到汽车故障诊断中。一通电话，就能听出汽车故障。1998 年，美国总统克林顿来华访问所乘坐的林肯轿车在西安出了故障，随行的两名美国技师没能修好。美国使馆紧急向魏俊强求助，魏俊

强通过与美方的随行机修人员电话交流，凭借自己汽修多年的经验，找出了故障所在，并最终解决了问题。在接受温家宝总理的接见时，总理称赞道："你为中国人争了光。"魏俊强修车修出了名气，业内人士尊称他为"魏工"。

案例二

北京时间2015年8月17日，巴西圣保罗第43届世界技能大赛赛场，24岁的杨金龙摘得汽车喷漆项目的金牌，助力中国代表团实现了世界技能大赛金牌"零"的突破。

经过这次大赛，杨金龙迈入汽车喷漆领域的世界顶级高手行列。一时间，很多公司高薪挖他跳槽，杨金龙却不为所动，选择继续留校任教，把技术心得传授给更多学生。"要把工匠精神贯穿到自己的专业中去。"他要求学生，"不能只把技术当成赚钱的工具"。

这位90后教师看起来与学生相差不大，却以他精湛的技艺让学生们折服。校园里，时常能看到杨金龙在教室一待就是一整天。有时候是思考钣金的问题，有时候是思考打磨的问题，"比如，一种油漆颜色有一个固定配方，但是来修理的车子往往因为长期使用，颜色早已有所变化。"杨金龙曾在训练场里连续待了9个小时，就是为了调出一模一样的颜色。

喷漆这个外行人看似简单的操作，其实很复杂，包括对车身打磨抛光、调漆、喷漆和烤漆等步骤。而每个步骤，都需要无数次的重复训练以及付出常人无法想象的汗水和努力。据了解，操作时杨金龙需要穿着厚重的专业服装，手持六七斤的喷枪，还要忍受40多摄氏度的高温，一场练习下来，往往里面穿着的衣服都湿透了。

> **知识链接**
>
> 社会主义制度的建立给我们开辟了一条到达理想境界的道路，而理想境界的实现还要靠我们的辛勤劳动。
>
> ——毛泽东

2018年年初，杨金龙当选第十三届全国人大代表，掀开了人生崭新的一页。他表示，自己将珍惜荣誉、勇挑责任、吃苦耐劳，认真履行代表职责，在新时代有新贡献、新作为。

案例三

在校园里，我们总能看到这样一群身影。他们总是身穿一身工装，戴着白色的编织手套，印象中他们总是风尘仆仆，脸上、手上、工装上总是沾着油污和汗水。或许有的同学看到他们会感到嫌弃，怎么他们这么不讲卫生？却不知道他们是来自学校汽车专业的学生，不怕脏和累，懂得吃苦耐劳是他们的本色。

他们中有一位叫黄小林的学生。2017 年，在国家精准扶贫政策下，黄小林从河北省青龙职教中心来到北京学习汽修。他深知，自己是从大山里走出来的孩子，身上背负着学业和家庭的双重压力。所以他吃苦耐劳、勤奋好学、虚心请教，倍加珍惜这来之不易的进京学习机会。在专业技能的学习上，黄小林非常刻苦，他说，面对一辆辆不会说话的汽车，他们就如同医生一般，一定要结合自己所学习的知识和实践技能进行望、闻、问、切。夏天他顶着热浪艰苦作业，汗如雨下；冬天他的手即使在作业手套里冻得通红，却也不忘手拿维修工具。他用一年的时间掌握了该两年学完的专业技能。成绩突出的他顺利通过系部选拔，和队友代表学校参加市级中职组汽车营销赛项比赛，最终取得了第一名的优异成绩。

知识链接

即使一个人天分很高，如果他不艰苦操劳，他不仅不会做出伟大的事业，就是平凡的成绩也不可能得到。

——柴可夫斯基

案例解析

大国工匠魏俊强凭借着自己的努力和吃苦耐劳的精神，成为汽修领域的佼佼者，他从技术员到科长、厂长、总工程师，一步一个脚印走来。吃苦耐劳，敢于不断征服技术上的新难题，推陈出新，让传统汽修升级换代。

行业翘楚杨金龙说过“要想做到极致就要学会吃苦，耐得住寂寞。”吃苦耐劳和艰苦训练换来了世界技能大赛时的卓越表现。

中职生黄小林同学能够吃苦耐劳，不畏惧专业学习的苦，不畏惧离开家乡的苦，能够靠自己的勤学苦干，干出一片天地，学出自己的水平，拥有自己的成绩。

从大国工匠魏俊强到行业翘楚世界技能大赛冠军杨金龙，再到中职生黄小林。在他们的身上，我们都能看到吃苦耐劳的优秀品质，这就是中华民族上下五千年传承下来的优秀劳动品质！在面对困难时，我们应当怀揣着对美好生活的向往和热忱迎难而上、百折不挠。我们如果努力一次不够，那就努力两次，耐心和韧性会让我们不被打倒。面对再艰苦的环境和再困难的挑战，我们也要坚守住心中的信仰，耐得住风雨的磨炼，经得住时间的考验，坚守初心，苦干实干。

话题探讨

甲同学说，什么年代了？还想着吃苦？奋斗？我家的房子多，以后收房租就够我吃喝玩乐，我根本不需要努力。

乙同学说，我爸妈、老师都夸我聪明，说我靠脑子就能吃饭，以后我就当个白领，也没什么苦可吃了。

丙同学说，我什么都没有，但是我知道人活着就是要靠自己，相信只要我不怕苦、不怕累，面对困难，勇往直前，我一定能获得成功！

你怎么看待以上同学的观点呢？说说你的想法。

拓展学习

1. 观看微电影：《禄马风》。

2. 自读书籍：《蒙古马精神——吃苦耐劳 一往无前》。

3. 自读书籍：《雷锋日记》。

劳动技能
怎样叠衣服

第十三课　勤俭节约，弘扬传统美德

学习目标

1）了解勤俭节约的内涵和意义。

2）能结合所学专业，在学习及生活中自觉践行勤俭节约。

3）拥护国家绿色发展战略，提高自身思想道德文化修养，培养勤俭节约意识，自觉落实勤俭节约行动。

2013 年 2 月 26 日，教育部发布了《关于勤俭节约办教育　建设节约型校园的通知》，号召各级各类学校勤俭节约办教育，建设节约型校园。2020 年 9 月 7 日，教育部办公厅印发《教育系统“制止餐饮浪费　培养节约习惯”行动方案》，指出学校要编制餐饮节约年度工作计划，建立餐饮节约行为考评制度，将厉行节约反对浪费表现纳入师德师风、学生综合素质和食堂评价体系，作为师生评奖评优和食堂考核的重要参考。联合国也将每年的 10 月 31 日设为世界勤俭日。可见，厉行节约，势在必行。勤俭节约是中华民族传统美德，是一种习惯，更是一种人生态度。新时代学生要做勤俭节约的践行者、宣传者和创新者，为实现中华民族伟大复兴的中国梦做出贡献。

劳动认知

勤俭节约，即勤劳、节俭，形容工作和学习勤劳，生活俭省有节制。勤俭节约是每个人必须弘扬的中华民族传统美德，是必须继承的优秀传统文化，是思想道德素质提升的重要途径，也是全面落实劳动教育的重要组成部分。

在落实勤俭节约，弘扬传统美德方面，新时代青年学生应义不容辞，勇做勤俭节约的排头兵。

首先，勤俭节约能锤炼学生的坚强意志。在物质资源极其丰富的当今社会，青年学生应控制自己的不合理欲望和非理性消费，积极主

> **知识链接**
>
> 要坚持勤俭办一切事业，坚决反对讲排场比阔气，坚决抵制享乐主义和奢靡之风。要大力弘扬中华民族勤俭节约的优秀传统，大力宣传节约光荣、浪费可耻的思想观念，努力使厉行节约、反对浪费在全社会蔚然成风。
>
> ——习近平在中国共产党第十八届中央纪律检查委员会第二次全体会议上的讲话

动去适应生活，吃苦耐劳地实现自己的职业和生活梦想，抵制外界各种物质诱惑，这本身就是对学生意志品质的一种磨炼。

其次，勤俭节约能强化学生的责任意识。作为青年学生，我们的衣食住行等基本物质需求，大多都依赖于父母。勤俭节约能让我们深刻体会父母的含辛茹苦、辛劳付出，深刻领会“一粥一饭，当思来之不易；半丝半缕，恒念物力维艰”的含义，从而树立自己的责任意识，进而强化将来对社会和父母的回报意识。

再次，勤俭节约能培养青年学生健康的消费理念。节俭和消费紧密相关。我们要摒弃“过度消费”和“非理性消费”等不健康的消费理念，倡导和践行“适度消费”“理性消费”和“绿色消费”。

最后，勤俭节约有助于培养学生正确的生活理念。成由勤俭败由奢。青年学生要做到在生活上不攀比，杜绝奢靡，控制虚荣心，培养积极健康的生活态度。勤俭节约是青年学生获得幸福的重要途径。物质的攀比会使我们对自己的生活状态永不满足，而节约意识能让我们体会到精神满足有时远比物质满足要高尚，进而促使我们去控制自己的欲望，做到自我节制，自我约束，达到自我幸福的状态。

既然勤俭节约如此重要，作为新时代青年学生，我们如何在生活中弘扬这一传统美德呢？

1. 在生活中自觉养成勤俭节约好习惯

现实生活中，绝大部分同学都能准确理解“谁知盘中餐，粒粒皆辛苦”的含义，能够比较认同“静以修身，俭以养德”，但当身边浪费现象发生时，有些同学却熟视无睹，缺乏勤俭节约的行动。所以，培养勤俭节约意识，我们也要在日常生活中去践行。“勿以恶小而为之，勿以善小而不为”。从“节约一度电、一滴水、一粒粮、一张纸”这些日常小事做起。食堂购餐，以适度为宜，杜绝挑食偏食、随意浪费的现象；发现水龙头损坏，要及时报修，杜绝水龙头长流水的现象；出行方面，多选择公共交通，少开私家车；拒绝购买过度包装的商品；外出就餐，践行“光盘行动”，以打包为荣，以浪费为耻，杜绝随意扔掉食物的现象等。

在家里做饭，我们要提前做出规划，如根据用餐人数、饭菜特点购买和准备适量食材，避免浪费。我们尽量将用过的洗菜水、洗碗水、淘米水、洗衣水等进行再利用，如冲刷马桶。对家里出现小问题的设备、家具等先进行维修，避免直接扔旧买新而造成不必要的浪费现象。虽然不再对穿着苛求“缝缝补补又三年”，但我们还是要适当续穿刚刚过时的好衣服，做到节省。这也要求我们在购买衣饰鞋帽时，以适量为主。同时，我们可以和家长一起，制定每月的合理消费计划，在源头上杜绝浪费现象的发生，共同创建勤俭节约好家庭。

2. 在学校班级营造勤俭节约新风尚

作为新时代学生，我们要积极去引领和践行勤俭节约。在学校我们要积极围绕勤俭节约主题，营造勤俭节约的氛围。爱护学校公共财物，杜绝恶意损坏学校公共财物的现象；对出现问题的桌椅，先尽力做到主动维修或及时上报维修，杜绝随意丢弃桌椅的现象；珍惜学习用具和教学仪器，爱护体育运动设施等，杜绝故意损坏以上器材的现象；按需领用纸张，打印纸张时，尽量双面打印或复印，杜绝浪费纸张的现象；离开教室时，及时断电，杜绝出现长明灯的现象。

同样，我们可以开展丰富多彩的勤俭节约主题活动，通过多种形式宣传“以勤俭节约为荣，以奢靡浪费为耻”的理念，如板报、手抄报、海报、书法展览、小品表演、主题演讲等。积极参加勤俭节约创新比赛，如“变废为宝”“再利用”等创新活动，争取获得“节约金点子奖”。同时，我们也号召班级定期对节约计划和成果进行汇报与展示，评选出“勤俭节约标兵”，建议将“厉行节约，反对浪费”情况作为评价学生表现的标准之一。

3. 在企业工作岗位上树立勤俭节约意识

职业学校主要培养学生的技能，以更好地为企业服务，所以学生在实习岗位上树立勤俭节约意识也很重要。实习岗位所属企业主要以效益为主，所以我们要在严格遵守企业安全和工作条例的基础上，注重践行勤俭节约，从而为企业创造效益。在办公室实习的同学，要做到人走灯灭设备关、节约用纸等。在制造车间实习的同学，要有意识地将多余的材料集中收起，做到节俭，以备企业不时之需。物流行业的实习生要注重废弃外包纸箱的集中存放，与循环再利用，或根据企业要求进行处理。在实习过程中，学生也要发挥自己的创造力和创新精神，在勤俭节约方面，为企业提供合理化建议。

总之，不管在学校、家庭还是社会，年轻人都要建立健康的消费观念。在学校，学生要积极接受消费指导，杜绝校园贷款，告别高档消费。有的同学为了满足虚荣心，跟风消费，学生群体中甚至还出现了网络贷款的现象，最终一些学生因无法偿还高利贷而走上极端道路，造成严重的社会问题。中职生要懂得感恩家长的付出，体谅父母，控制自己的不合理需求。学生向家长申请零花钱，要以合理适量为标准，懂得付出才有回报，从而控制自己的攀比心理。进入社会后，学生也要以虚荣攀比为耻，积极推崇健康的消费理念。

案例品读

某校在一间闲置教室开办了一个小型阅览室，里面有两个旧书架和20把桌椅，书架上面摆放着很多旧书，包含中英文名著、名人传记、工具书和教材等。每天下午16：00后都会有一些同学到这儿来看书，离开前还自行记下页码，然后把所看书籍再次放回书架上。经过观察，发现来此读书的同学在逐日增多。这说明很多同学非常喜欢在这里读书。经过调查得知，此图书馆是由该校交通运输系小梁同学发起创办。

于是学校电视台派出小记者，在小型阅览室对小梁进行了专访，以下是采访的现场实况。

记者：小梁同学您好，听说这个小型阅览室是您创办的？

小梁：是的。

记者：那您的阅览室和学校阅览室有什么不同吗？

小梁：我的阅览室里所有书籍均是旧书，或我自己家里的书，或自己和同学用过的教材，还有一些老师捐赠的名著，集中放在这里，供喜欢读书的同学过来阅览。否则，放在家里闲置或卖掉都是浪费，不如放在阅览室循环利用，并且书籍都不过时。

知识链接

推进资源全面节约和循环利用，实施国家节水行动，降低能耗、物耗，实现生产系统和生活系统循环链接。

——习近平在中国共产党第十九次全国代表大会上的报告

记者：小梁同学，你这个想法是如何产生的呢？

小梁：哦，这个想法很偶然。那就是我看到校园里，有时有些学长经常摆个小地摊，把自己用过的教材和工具书等，以非常便宜的价格卖给学弟学妹们。

记者：有人买吗？

小梁：有很多同学呢！一部分是丢失课本的同学，还有一些同学是为了查一下教材里的某个资料，一般要花钱买回去。我想如果买回去，就成为私有财物，不能分享给更多同学看。同时，我也看过一篇报道，河南省安阳市内黄县马上乡李石村的李翠利，将自己家的小超市，改成了免费借阅旧书的阅览室——微光书苑，吸引同村人来借阅自己拥有或到处收购的旧书，目的是提升村里人的思想认识、开阔视野，避免很多农村人无所事事而去做一些违法事情，给社会造成隐患。微光书苑非常受欢迎！这也促使我产生创建小型阅览室的想法。

记者：你真棒！太了不起了！

小梁：是啊，很多工具书、中外名著都很贵，扔了太浪费了，卖了也不能使其他人受惠。同时在毕业时，一些同学把教材丢掉了，也很可惜，都是自己父母拿钱买来的。父母挣钱也不容易啊！还不如让这些旧书继续发挥价值呢！您说对不？

记者：您说得太对了，勤俭节约是中华民族的传统美德，同时阅读也丰富了同学们的精神生活，省得同学们都在网上买名牌衣服鞋帽炫耀攀比了，太浪费了！不如坐在阅览室里看看书，不消费，还能增长知识。

小梁：是啊！这正是我创办阅览室的原因所在。

记者：感谢您的付出！作为电视台记者，我也会对您的阅览室大力宣传，让更多同学来读书，同时号召更多的同学捐出自己的旧书，进行分享。

案例解析

此案例中小梁同学创建阅览室共享旧书的行为，正是落实“勤俭节约，弘扬传统美德”的具体体现。“循环利用，让旧书继续发挥价值”是对勤俭节约的最好诠释和创新。“厉行节约，反对浪费”，不要仅仅局限于量的节约，“不去用或省着用”，也要认识到“闲置，有时也是一种浪费”。很多商品还可以循环使用，要让其使用价值发挥到最大。此案例中，小梁同学的行为在以下方面做到了节约：

1）避免了旧书丢弃，保护了环境，减少了社会资源的消耗。

2）避免了旧书回收和重印，节约了处理废品保护环境的费用。

3）读书占去了部分课余时间，在一定程度上，避免学生花时间去攀比和不理智消费，节省了钱财。

4）工具书和名著等，永不过时，循环使用，节省了再去购买的昂贵费用。

5）读书增加了学生的精神财富，远比物质财富更加重要。

6）充分利用闲置教室创建阅览室，将闲置空间再利用，本身就是一种节约。

话题探讨

话题一

小李、小张和小胡三名同学中午在食堂打饭。为了响应“勤俭节约”号召、践行“光盘行动”，小张只买了一个素菜，并且劝小李也不要买肉菜，做到节俭。而小胡同学却毫无节约意识，买了很多菜，并表示吃不完就扔掉。小李建议小张不要因为节俭而造成偏食，影响身体健康，同时，也指出小胡应该厉行节约，停止自己的浪费行为。

请分析以上三名同学关于“勤俭节约”的观点、态度和做法。你更支持谁的做法呢？为什么？

话题二

在校园里，身着一身名牌的小富同学新换了一部 1 万多元的手机，小牛同学非常羡慕。虽然家庭并不富裕，但小牛同学还是想要通过寻求工薪阶层父母的资助，去购买同款手机，甚至想采用校园贷的途径去实现自己的愿望。虽然小王同学对小牛同学筹集购买手机经费的途径进行了劝阻，告诫其量力而行，以手机实用为目的，不要去攀比，但小牛同学还是想通过向同学或朋友借钱的方式去实现购买高档手机的愿望。

你更支持谁的消费理念呢？为什么？

拓展学习

1. 自行查找中国历史上的“勤俭节约”典范故事。

2. 设计关于“勤俭节约，弘扬传统美德”的座右铭。

3. 观看公益宣传片：《厉行节约，反对浪费》。

劳动技能
怎样清洗鞋子

第十四课 团队合作，营造劳动氛围

学习目标

1）了解团队合作的基本内涵，知晓团队合作的重要性。
2）学会换位思考，善于沟通，能够在日常生活、学习工作中平等友善、谦虚谨慎地与人相处。
3）感受团队合作的巨大力量，激发集体荣誉感，发扬团队合作品质，共同营造积极向上、和谐愉快的工作、学习、生活氛围。

2020 年初，一场突如其来、不明来源的新冠肺炎疫情暴发，随之席卷中国大江南北，牵动着亿万国人的心。1 月 24 日除夕，解放军陆海空三军军医大学及各附属医院出动，驰援武汉。2 月初，中国医疗界的四大王牌军——“北协和、南湘雅、东齐鲁、西华西”齐聚武汉，他们齐心协力与新冠抗争，同死神赛跑，万众一心最终赢得了武汉解封的胜利。逆行而上的队伍、义无反顾的背影、心手相连的接力，展示了团队的力量，诠释了合作的伟大。

劳动认知

马克思指出：“人的本质并不是单个人所固有的抽象物，在其现实性上，它是一切社会关系的总和。”社会属性是人的本质属性，是人与周围的事物发生关系时，表现出来的独有特性。随着人类社会的发展进步，社会属性显得尤为重要，团队合作促进人类的生产、生活变化，在社会生活中的作用越发凸显。

团队是指两人及以上的群体为了达成共同目标而聚集在一起的协同单位。合作是个人与个人、个人与群体、群体与群体之间为达到共同目的，相互配合的行为方式。团队合作，指人们基于共同目标，依据规章制度，协同成员关系，彼此信任、分工明确、相互配合，共同努力，从而一步一步实现团队目标。

众所周知，一根筷子很容易就被折断了，但一把筷子合在一起，想要折断就非常困难。晶莹剔透的水滴，经不起风吹日晒，转瞬间就会消逝，但是滴水汇成的海洋，则有着无限的生命力，成为自然界中不可抗衡的力量。一束微光，在黑暗中没有丝毫的用处，但是当万千光束聚成一道，便能够赶走黑暗，带来光明与希望。

如果一个团队的成员团结一致、凝聚目标、分工明确、相互配合、甘于奉献，这个团队就会充满生机，有着源源不断的动力。每位成员施展才华，不断发掘和创造更多的价值，与团队共同成长进步，这个团队一定势如破竹，立于不败之地。一个公司如果没有团队合作则如一盘散沙，目标不明确，部门之间没有配合，相互推诿，同事之间、互不信任，员工只顾自己的利益不甘为公司多付出分毫，这家公司一定会很快退出历史舞台，员工的个人发展也会有所停滞。

团队合作像是润滑剂，营造了和谐共生的团队氛围。和谐氛围能使团队成员产生平和的处事心态，不会再为很多琐事心烦、发怒，甚至失去理智；和谐氛围能够使团队成员身心放松，树立良好心态，快乐地工作和生活；和谐共生助力人们开辟新思路，找寻更优的解决方案，激发创造的火花。

团队合作就像是动力机，给人无限的力量追求卓越。卓越是一种境界，追求卓越不单是对标，更是不断创新、不断革新、超越自我。团队的力量大于个人的力量，团队每位成员都保持积极地发展态势，甘于奉献，甘于拼搏，不断突破自我，成就自我，团队会更加强大。同样地，团队的日益强大也为个人提供了更优质的资源与平台。个人应不断提高自身本领，甘于做团队中的螺丝钉，以团队为先，乐于奋斗，创造熠熠生辉、生机勃勃的团队，成就出彩人生。

知识链接

团结是铁，团结是钢，团结就是力量。团结是中国人民和中华民族战胜前进道路上一切风险挑战、不断从胜利走向新的胜利的重要保证。

——习近平在庆祝中华人民共和国成立70周年招待会上的讲话

我们中职学生在学校生活中也有很多的团队，比如国旗班、时政社等各类社团，参加技能大赛的团队等。那我们如何更好地实现团队合作呢？第一，在团队中营造“人人为我，我为人人”的合作氛围。每个团队都有自己的职责与使命，作为团队的一员，我们应将个人的发展同团队的发展结合起来，将个人进步与他人进步相统一，学会换位思考，彼此信任、互帮互助、相互关心，营造和谐温暖、积极上进的氛围。第二，以任务为载体促进团队成员共同成长进步。因为有共同目标，所以大家聚集在一起形成团队，将目标划分成可量化的任务点，以共同完成任务为实现目标的途径，“乘众人之智，则无不任也；用众人之力，则无不胜也”，我们要积极融入团队，甘于奉献，劲往一处使，拧成一股绳，坚决完成好每一次任务，不断提升团队合作的意识与能力，共同打造有凝聚力、有实力、有潜力的优质团队。第三，提升团队管理水平，实现共赢共荣。团队的正常运行离不开完善的制度、合理的分工、明确的职责。团队发展过程中不断面临新的机遇挑战和团队成员日益变化的需求，需要每个人都做有心人进行及时有效的调整与完善，提高团队的管理水平。

案例品读

利用每分钟5000转的铣床，揭开厚度仅有0.2毫米的生鸡蛋外壳，而半透明的蛋壳内膜仍完好无损。这个奇迹的创造者，是广州市技师学院留校教师黄枫杰，是“全国青年岗位能手”“全国技术能手”的获得者。

世界技能大赛是最高层级的世界性职业技能赛事，每两年举办一次，被誉为“世界技能奥林匹克”。2017年10月，黄枫杰代表中国夺得世界技能大赛第一枚原型制作项目金牌。原型制作项目涵盖设计、3D打印、铣床、车床、手工打磨、抛光、喷漆7大工序，要冲击世赛，不仅要样样精通，而且要成为顶尖高手，同时参赛选手需要具备较强的组织管理能力，能够合理地排布和运用各种工具和手段，是世界技能大赛难度最高的赛项之一。

原型制作项目考验的并非一人之力，整个团队精益求精、通力合作才可能取得好成绩。在广东省选拔赛中，黄枫杰发挥有点失常，以第四名的成绩晋级。对于这个成绩，团队成员心里都开始打鼓了，陷入了自我怀疑。在教练的开导下，在团队成员的互相鼓励中，大家进行了深刻的总结反省，重新树立了目标，确立了方向。在备赛的过程中，提高成绩是重中之重。团队各分项小组观看比赛视频，查验各项数据，经过对比分析终于找到了适合的训练办法，为最终取得大赛冠军打下了坚实的基础。

为了让备赛团队安心练习，学校想尽方法找寻、协调实习训练场所，各小组积极配合，将训练场变成了比赛现场；材料组的指导教师精心选取、准备了多种不同材质的材料，帮助备赛队员能够掌握各类型材料的处理方法；邀请高水平喷油师傅手把手教学调油、喷漆，为备赛团队提供了良好的环境和师资力量。

在集中分析、学习外国选手的比赛视频时，团队发现外国选手操作动作和每一套程序都严谨有序，选手在赛场沉稳冷静、镇定自若。细节是关键，教练对团队成员提出了更高要求，更新训练计划，提升严谨性、精准度。每次训练，大家齐心协力，记录时间、记录动作、记录工具摆放、探讨实验，习惯规范操作，减少制作过程中出错的机会，不断提高效率。

黄枫杰说：“备赛的过程艰难却温暖，大家都在默默付出。”最暖心的一件事就是每次训练都会错过吃饭时间，但是只要训练一结束，后勤保障组都会将热气腾腾的饭摆放在大家面前……

赛项是确定的，但是比赛过程中遇到的突发状况远比想象中复杂的得多。世赛前一个月，教练为团队成员量身定做障碍训练，设置各种刁难问题，让队员们深刻体会赛场如战场，“教练团队煞费苦心让我明白，离开保护区和安全区，各种状况都是敌人，我们团队必须想方设法去解决问题。”

通力合作，天道酬勤。比赛时，黄枫杰的完成误差仅 0.03 毫米，一举夺得金牌。“能圆满地完成任务，为祖国争得荣誉，特别自豪!”黄枫杰说。

回顾比赛历程，碰到一些规则的改变，不光考验选手的意志，更是团队实力的展现，“比赛再难，也从未想过放弃！我们团队准备得很充分，大家互相扶持、互相支撑、互相打气，把团队最好的实力发挥了出来。”

回首这几年的经历，他用 12 个字来概括：“坚持、细心、严谨、克服、保障、启航”。黄枫杰最想说的是感谢这个团队、感恩团队里的每一位成员。“一个人成功的背后承载着太多人的付出。有国家、省和市政府支持，有各级领导和老师的关心、鼓舞与指导，让我感受到技能成就梦想不是一句空话；有学校提供的训练条件和服务保障，让我以最快的时间学到前沿的技术，拥有亮剑的本领；有教练团队、竞赛团队的每位老师的信任、鞭策与教导，让我更懂得技行天下需要秉持工匠精神。”

每个人都不是自己孤身奋斗。黄枫杰说：“作为一名新时代的中国青年，我倍加珍惜祖国与先辈们带给我们的广阔平台和幸福生活，在幸福生活中，更应该不负韶华，以梦为马，踏实奋进。相信在当前和未来，祖国将会涌现出更多的‘我’和‘我们’，共同为传承和发展中国技能、为建设社会主义工业强国贡献力量!”

案例解析

黄枫杰和他的团队就像是一列飞驰的动车，每个人都是一个系统、部件，在朝着在世界技能大赛为国争光这一共同的目标，携手奋力前行。

团队共同努力，给予最大保障，让黄枫杰无所顾虑，扎实提高实力；教练团队为大家量身定制了训练计划，步步为营，扎实推进。团队里成员彼此尊重、相互信任、互相鼓励，营造了“人人为我，我为人人”的合作氛围。

为了让训练成为提高成绩的最有效途径，大家上下目标明确；在遇到挫折时，大家相互给予温暖鼓励、不离不弃；为了提高对不同材质的敏感度，材料组找寻各类材质；为了提高颜色调配的精准度，学校还邀请大师现场教学、跟随训练；为了帮助团队成员克服比赛的紧张情绪，学校设置障碍训练、模拟比赛现场，这充分地体现了大家劲往一处使，拧成一股绳的精神。

世界冠军奖杯不是一个人努力的成果，是教练组的统筹安排，是资料组的精心准备，是记录组的细心观察，是分析组的耐心比对，是各分项小组的悉心指导，是后勤保障组的贴心服务。正是由于团队内部分工有序，以大局为重，各组之间相互支持配合，团队成员间的默契不断加深，团队运行效率日益提高，所以团队的成绩愈发优异，最终摘得桂冠，为国争光。

青年是活力，是创新，青年是激情，是奋斗，是梦想，青年一代团结起来就汇聚成了实现中华民族伟大复兴中国梦的中坚力量。作为青年一代，我们必须要有团结合作意识，人心齐，泰山移，不自私自利，不把个人凌驾于团队之上，树立正确的义利观，“同舟共济扬帆起，乘风破浪万里航”；人人生而平等，不尖酸刻薄，不唯我独尊，满招损，谦受益，要学会尊重他人，接纳自己、悦纳他人；要有坚定不移的信念和彼此成就的胸怀，有“衣带渐宽终不悔，为伊消得人憔悴”的坚持，有“一花独放不是春，万紫千红春满园”的胸怀。

青年一代是奋斗的一代，作为社会主义事业的建设者和接班人，我们中职生要敢于对自己负责、对社会负责、对国家负责，要将个人命运和国家命运紧密联系在一起，将个人发展融入集体发展、国家发展，培养自己团队合作意识，树立合作共赢、和谐共生的人生发展理念，以自己的实际行动为建成富强民主文明和谐美丽的社会主义现代化强国做出贡献，志存高远，脚踏实地，努力在实现中华民族伟大复兴的中国梦的生动实践中放飞青春梦想。

话题探讨

甲同学说，运动会上，个人英雄主义才是真道理，跑步的、跳远的不都是靠自己的努力在为班级赢得荣誉？

乙同学说，运动会上大家只要记得别给班级扣分，然后各自干好自己的那些事，别人不找我麻烦，我也不给别人添麻烦就行了。

丙同学说，运动会需要大家团队合作，只有大家相互配合，相互鼓励支持，才能为班集体争得荣誉！

你怎么看待以上同学的观点呢？说说你的想法。

拓展学习

1. 学习习近平总书记在纪念五四运动 100 周年大会上的讲话。

2. 观看新冠肺炎疫情纪录片：《同心战“疫”》。

劳动技能
怎样套被套

第五单元

劳动成就梦想

第十五课　劳动拓展职业认知，助力正确择业

学习目标

1）了解职业和工作岗位等方面的知识，认知职业的主要内容，了解中职学生就业现状和存在的问题。

2）理解实践是职业认知的最佳方法，理解企业的用人观，清楚当前应该集中精力做好的事情，自觉约束自己的行为。

3）主动养成热爱劳动的行为习惯，树立正确的择业观，在劳动中培养团结协作和吃苦耐劳的优良品质。

根据2015版《中华人民共和国职业分类大典》，我国职业分为8个大类，75个中类，434个小类，1481个职业。随着经济和社会的发展，每年都会出现一些新的职业（岗位）。人力资源和社会保障部发布的新增职业有：区块链工程技术人员、城市管理网格员、互联网营销师、信息安全测试员、区块链应用操作员、在线学习服务师、社群健康助理员、老年人能力评估师以及增材制造（3D打印）设备操作员。其中互联网营销师就是当下风行的网络主播，网络主播也成为国家认可的职业！这些在10年前无论如何发挥想象力都想不出的职业，如今却赫然出现在新的职业分类中，而原先那些与我们生活密不可分的职业，如锔锅补碗、电话接线、铅字排版等，却早已难觅踪影。旧职业消失、新职业成长，记录着时代变迁，也改变着职场。

劳动认知

宋代诗人陆游写道：纸上得来终觉浅，绝知此事要躬行。这句饱含诗人对孩子谆谆教诲的诗句，体现了深远的教育思想，它强调实践对认识的重要作用。毛主席也曾说："你要知道梨子的滋味，你就得变革梨子，亲口吃一吃。"这说明实践对认识的深刻作用。同样，各种形式的劳动有助于我们拓展对职业的认知，实现高质量就业。

1. 重视对职业的认识

职业没有高低贵贱之分，但是，不同的职业却带来不一样的人生。昔日的同学，如果毕业后从事了不同的职业，那么多年以后，相互之间会产生非常大的差别。关于这一点，你可以从毕业后的同学聚会上清楚地看到，因此，我们现在就要重视对职业的认知。

职业认知包括从业者对自己的职业兴趣、职业性格、职业能力、职业价值取向等个体特征的认识，还包括对专业、行业、岗位以及就业信息等社会方面的认识。职业认知是个体认识社会和融入社会的主要渠道，是在长期的生活劳动、生产劳动和服务性劳动中形成的对某种事业的认识与评价。中职学生通过大量的、反复的劳动实践不断加深对职业的认知，树立正确的择业观，对于缓解就业困难，畅通就业渠道，促进经济发展，以及各行业的人才交流都具有很重要的意义。

2. 职业认知的方法

职业认知的最佳方法就是亲自进行劳动体验，这种劳动体验是最直观、最亲切、最真实的。比如想当医生的，可以观察医生的出诊情况，体验医生值夜班；想参军入伍的，虽然不大可能直接去部队体验生活，但可以按照部队生活作息来开展一些艰苦的训练，其标准和运动量要远远超过军训；想当老师的，可以尝试到幼儿园、校外培训机构兼职，或者在学校多协助老师做一些工作，增加对教育行业的认识。所以学生在明确职业方向之前，必须多走走、多看看，要提前体验下心目中的职业。

读万卷书，行万里路。2016 年，教育部等 11 部门印发了《关于推进中小学生研学旅行的意见》。中小学生研学旅行是由教育部门和学校有计划地组织安排，通过集体旅行、集中食宿方式开展的研究性学习和旅行体验相结合的校外教育活动，有利于促进我们培育和践行社会主义核心价值观，激发爱党、爱国、爱家乡的强烈感情；有利于我们把书本知识和生活经验深度融合。

3. 中职生职业认知的内容

中职生的职业认知分为四个方面：自我认知、专业认知、职业信息与职业规划。这四个方面紧密联系、相互影响。

（1）开展自我认知

自我认知是对自我的了解和认同，也是对自己各方面的认识与评价的总和，包括职业兴趣、职业性格、职业能力和职业价值取向等个体特征。每个人都有自己多彩的梦想，都憧憬和向往美好的生活。我们首先应该从认识自己开始，认识到每个人具备语言智力、逻辑数学智力、音乐智力、空间智力、身体运动智力、人际关系智力和内省智力等，但每个人所擅长的领域是不一样的。我们需要在日常的学习生活中留心观察——我最擅长的领域是什么呢？在将来的职业发展中瞄准自己最擅长的领域去努力，去发掘潜能，相信会有一番大作为！实现人生出彩！

（2）强化专业认知

同学们进入中等职业学校后，最大的变化就是开始学习专业知识。简单地说，专业就是学校划分的学业门类。各专业都有各自的人才培养方案，学好专业课程是中职学生顺利就业的基础。每个专业都对应着一个或几个职业群。专业与职业既有明显区别，又密切相关。职业是个人为社会提供产品和服务的工作，是人们谋生的手段。职业按照不同的标准可以划分为不同的类别。

> **知识链接**
>
> 中国梦是国家的梦、民族的梦，也是包括广大青年在内的每个中国人的梦……只有把人生理想融入国家和民族的事业中，才能最终成就一番事业。希望你们珍惜韶华、奋发有为，勇做走在时代前面的奋进者、开拓者、奉献者，努力使自己成为祖国建设的有用之才、栋梁之材，为实现中国梦奉献智慧和力量。
>
> ——习近平给北京大学考古文博学院 2009 级本科团支部全体同学回信

每个职业都有各自的发展路线，中职生要从自己所学专业出发，结合自己的优势和特长，志存高远，脚踏实地，把个人的理想抱负与所在地区的经济社会发展联系起来，与行业的兴旺发达联系起来，自觉加入到社会主义现代化强国的建设中来。

（3）收集职业信息

我们要学会搜集和整理职业信息。获取职业信息的方法有很多，比如查阅网络媒体、实地参观考察、调查访谈、实习实践等。了解和搜集相关的职业信息，包括行业简介、行业现状、行业发展趋势、岗位设置、公司分布、职业资格证书等。搜集职业信息后，我们还要学会分类整理，形成文档，作为拓宽职业认知的第一手资料。

同学们还可以通过人社部、教育部等门户网站多了解和关注一些职业发展趋势，为将来规划自己的职业发展奠定基础。例如，为减少二氧化碳排放造成的气候变化，我国在联合国大会上提出碳达峰和碳中和目标，由此，新职业碳排放管理员正式列入国家职业序列。

求职者如果能够较早地清楚了解这些职业信息，就能避免盲目选择职业，实现能力与岗位对接，促进职业生涯发展。

（4）做好职业规划

职业规划是个人实现职业理想的计划，是对自己一生职业发展道路的设计，是对职业未来的展望。它主要包括选择什么职业，在什么地方的哪些单位从事这种职业，以及在职业团队中承担什么职责，采取哪些措施实现职业目标等内容，它综合考查了个人的职业决策和规划能力。

4. 树立正确的择业观

（1）中职学生的就业现状

企业用人需求与中职学生综合职业素养之间供需不匹配的情况，导致学生面临的就业竞争越来越激烈。

我们要坚定信心，三百六十行，行行出状元。《光明日报》曾报道，中职学生的就业率逐年上升，九成以上中职学生不愁找工作。因为经济社会的发展对于技术工人，特别是高级技工的需求与日俱增。我们需要科学家，同样也需要高级技工人才。各地纷纷推出各种人才引进计划，其目的就是要吸引顶尖人才和高级技工加盟，积蓄劳动力的质量优势，增强以人才和科技为核心的竞争实力。

在校期间，我们要学习基本的职业技能，养成良好的行为习惯，形成正确的世界观、人生观和价值观，不断提高自身的综合职业素养。进入工作岗位之后，我们要通过自己坚持不懈的努力，不断取得发展。工作拈轻怕重、指望不劳而获、妄想一步登天的人，永远不会有成绩。

（2）中职学生就业暴露出来的问题

问题一：定位过高，对工作岗位及待遇期待过多。

首先，有些同学没有明确自己的位置，忘了自己是一名初入职场的小白，应该从基层做起、从生产和服务的一线做起。其次，对自己的能力估计过高，做事不用心、不踏实，眼高手低。再次，对所从事的工作岗位特点及要求知之甚少，没有提前做好充分准备。企业中任何一个技术工作岗位，都需要在实践中积累经验，经验越多，能力越强，待遇才可能高。我们刚走出校门，缺乏实践经验，待遇较低是实际情况。但是，有的同学面对现状，不是虚心向有经验的老师傅学习，而是开始抱怨上当受骗，嫌苦怕累，心理上产生巨大落差。还有些同学，不愿意当普通工人，幻想着独当一面搞设计，但我们必须要清楚，“万丈高楼平地起”，再超群的设计师都是从普通工人做出来的。

问题二：嫌苦怕累，缺乏吃苦耐劳的韧劲。

有些同学们平时缺乏独立自主的劳动磨炼，刚进入工作岗位时还觉得新鲜好奇，但工作一段时间后，就暴露出散漫懒惰的问题。有个同学在毕业招聘会上被当地非常有实力有发展的企业选中，但刚刚工作不到一个月就再也不去了，原因竟然是他认为公司薪资低，上级不近人情，对白班、夜班交替的工作时间不适应。但我们要注意到，同学们从学生角色转变为员工角色时，目的是通过自己的劳动为企业创造经济价值，为个人获得经济收入。从学校到职场，我们的身份发生了改变，严肃认真的领导替代了和蔼可亲的老师，陌生的同事关系替代了熟悉亲密的同学关系。我们需要迅速转变观念和思维方式，用职业人的身份面对工作，面对职场要求。

问题三：不善人际交往，缺乏合作精神。

同学们走出学校、进入职场时，大多是十七八岁左右，有的同学工作中遇到困难或者出现问题时，不善于与人沟通交流，缺乏团队合作精神，甚至还表现出我行我素的个性。比如，有些同学被分配到生产线上工作，拒绝完成已经布置的工作，那么这些空缺的工作，只能由其他同事代为完成，增加了其他人的工作量，甚至可能使整条生产线停产，这样不仅影响了其他员工的权益，也会给企业造成不可估量的损失。因此，在企业生产劳动中具有团队合作精神是非常重要的。

(3) 初步了解企业用人要求

企业经营者中流行着这样的人才观：有德有才重点使用，有德无才培养使用，有才无德弃之不用。这种人才观强调了品德与能力在工作中的关系，特别是一个人的道德品质一旦形成，就会伴随终生，无法轻易改变。所以我们平时就要注重培养优良的道德品质和规范的行为习惯，能够吃苦耐劳，具有较强的组织观念和纪律意识，养成较高的职业素质。绝大多数企业首先看中的是员工的工作态度，态度决定一切。积极负责的劳动态度比专业知识更重要，因为知识技能可以通过学习培训得到提高，但工作态度一旦养成，很难改变。

(4) 提升综合职业素养

1）端正学习态度，明确学习目的。努力学好专业知识，练就熟练的专业技能，为就业打下坚实基础。想象即将毕业离开学校的那一天，回想在学校的学习时光，我们到底收获了什么呢？

2）严于律己，遵规守纪。任何企业都有严格的规章制度，如有违反，轻则罚款，重则开除，有的违规行为还可能带来重大安全责任事故。一位企业负责人讲过一个新入职员工的故事，由于在工作时用手机聊天，没有及时发现产品物料输送堵塞，造成设备损坏，被企业直接除名。这位新入职员工就是日常中没有养成认真负责的好习惯，在工作中延续以往的行为习惯，不但断送了自己的前程，还给企业带来不必要的损失。

3）培养优良的行为习惯。“日事日清，日清日高”，这是海尔集团对员工提出的工作准则。同学们平时养成的课上课下主动学习、及时独立完成作业、认真负责做好卫生、守时守信做人做事等习惯，实际上就是为了今后到工作岗位上能专心做事，踏实工作。

4）团结同学，热爱集体。现在具有强烈集体荣誉感，工作之后才能做到爱岗敬业，干一行、爱一行、专一行。一个对集体漠不关心的人，很难得到其他人的认可和欢迎。“今天不爱岗，明天就下岗；今天不敬业，明天就失业”，这句顺口溜恰如其分地表达出了不爱岗敬业的严重后果。

5）积极参加社会实践，学会正确与人相处。有些同学认为，自己为了朋友，可以不顾一切，可走进社会后才发现，维持良好的人际关系没有那么简单。因此，要积极参加社会实践，在劳动过程中学习提高，创造和谐融洽的人际关系，以诚待人、诚实守信，这样才

> **知识链接**
>
> 要做一番伟大的事业，总得在青年时代开始。
>
> ——歌德
>
> 立志、工作、成就，是人类活动的三大要素。立志是事业的大门，工作是登堂入室的旅程。这旅程的尽头有个成功在等待着，来庆祝你的努力结果。
>
> ——巴斯德

能被社会所接纳。

案例品读

王洪军，中国一汽大众汽车有限公司轿车一厂焊装车间钣金整修工、一汽集团公司高级专家。他荣获全国五一劳动奖章，被授予“全国技术能手”荣誉称号，他总结出“王洪军轿车钣金快速修复法”，荣获国家科技进步奖二等奖。

1990年，毕业于技工学校的王洪军，被分到一汽大众焊装车间做了钣金整修工。钣金整修是一项又苦又累的工作，但也是轿车生产中一道关键工序。工作时需要面对噪声、粉尘和高温等多项考验，特别是到了夏天，整个工作通道就像一个大蒸箱，还没动就浑身是汗，何况还要常常抱着十多斤重的高频打磨机对轿车进行来回修磨。

和王洪军同时进厂的工人，很多人转了行，但他却在钣金修复岗位上，一干就是几十年。面对种种不解，王洪军道出了简单朴实的话语：“无论多么辛苦，这个岗位的工作总得需要有人来做。在工作实践中，我的技术水平不断提高，不如我留下，好好带带后面上来的年轻人吧。”

王洪军立足工作岗位，勤奋学习，苦练技能，从一名普通的钣金整修工成长为企业技术骨干，全国轿车钣金修复行业的专家。他善于思考创新，总结出123种“轿车钣金快速修复法”，被命名为“王洪军轿车钣金快速修复法”；他发明制作了具有实用性的钣金维修工具2000余件，填补了国内空白；他掌握了国际最高等级Q1标准的展车制作工艺，结束了公司每年要花费大笔外汇聘请德国专家做展车的历史。他无私传授技艺，培养出一支高素质、高技能钣金整修队伍，打造出精品轿车生产线上的精锐团队。

案例解析

王洪军从技工学校毕业被分配到生产车间，并没有觉得一线工人就低人一等，而是热爱本职工作，不断提升职业技能，干一行、爱一行、专一行，立足岗位，总结创新，最终在平凡的工作中做出不平凡的贡献。

我们中职学生将来走上工作岗位，首先从基层一线做起。我们要牢固树立崇尚劳动、热爱劳动、辛勤劳动、诚实劳动的劳动精神，爱岗敬业、争创一流、艰苦奋斗、勇于创新、淡泊名利、甘于奉献的劳模精神，执着专注、精益求精、一丝不苟、追求卓越的工匠精神，立志成长为有一技之长的高素质劳动者，使“中国制造”更多走向“优质制造”“精品制造”，推动经济发展，为实现“两个一百年”奋斗目标和中华民族伟大复兴的中国梦贡献青春力量。

话题探讨

学校要组织毕业班召开就业招聘会了，班上几个同学在教室讨论起来。

甲同学说，马上就要找工作上班了，我还没玩够呢！要不先在家休息一年半载，反正爸妈能挣钱，暂时养着我肯定没问题。

乙同学说，学校推荐的很多企业都在外地，我可不想离家太远，挣钱少，花销大；工作岗位劳动时间长，还要上夜班，非常辛苦……

丙同学说，三年学下来，我虽然对所学专业有了一定认识，但距离工作岗位要求相差太远，为了今后有更好的发展，我打算先去上职业大学，再就业。

你怎么看待以上同学的观点呢？说说你的想法。

拓展学习

1. 观看《中国大能手》《大国工匠》等纪录片。
2. 关注全国职业技能大赛赛事。
3. 阅读书籍：《任正非传》。

劳动技能
怎样叠军被

第十六课　劳动激发创新意识，提升创业能力

学习目标

1）认识创新在劳动实践中的重要意义，认识创新精神的实质，了解中职学生创业优势。

2）能在劳动过程中结合自身实际，制定提高创新能力的举措；能初步编制创业计划书。

3）调查走访成功的创业者，归纳创业者应具备的素质与能力；在校期间做好创业准备，树立创业意识，增强创业信心。

自国家提出“大众创业、万众创新”之后，“双创”工作受到全社会广泛关注和积极参与，政府工作报告也明确提出把“大众创业、万众创新”打造成中国经济发展的“双引擎”之一。从2015年起，国务院定于每年10月设立“全国大众创业万众创新活动周”，搭建“双创”展示平台，推动形成创业创新热潮，为实现创新驱动发展汇聚智慧和力量。建设创新型国家，人才培养是关键和核心。在“双创”浪潮下，众创空间等创业服务平台如雨后春笋般迅速出现，激发亿万群众的创造活力，培育出大量各类青年创新人才和创新团队，带动扩大就业，成为经济发展新的发动机。大力开展创新创业教育，培养具有创新精神的人才队伍，具有重要意义。一个立志创业的90后由衷地发出感慨：“这是一个随时都让我们惊呆了的时代！”拥有无限青春与活力的同学们，还等什么？马上行动，加入到创新创业的大军中吧！

劳动认知

1. 劳动教育呼唤创新

世界著名科学家，中国载人航天奠基人和两弹一星功勋奖章获得者——钱学森曾发问：“为什么我们的学校总是培养不出杰出人才？”解答这一关系到中国教育事业发展的艰难命题，需要全社会共同创新发展，家庭、学校、社会、青年自身，都要付出努力。

学校要担负起创新人才培养的重任，着重从学生兴趣出发，引导其发掘潜能，德智体美劳全面发展。家庭需要保护和培养孩子的好奇心，家庭教育不能停留在衣食温饱，还要教会孩子涵养家国情怀，励志学习成才，在实现民族复兴的道路上实现人生价值。社会要营造适合创新创业人才成长的外部环境，让人才在宽容开放、鼓励创新的环境中自由翱翔。青年是创新创业发展的主力军，“青年兴则国家兴，青年强则国家强。”广大青少年要立志把国家富强和民族复兴的重担扛在肩上。

当前，国家号召学校开展劳动教育，就是让广大青少年在劳动实践中接受锻炼，磨炼意志，锤炼品格。用心体会劳动的艰辛和收获的快乐，在学习和借鉴的基础上，冲破保守僵化，不断推陈出新，尝试新方法，探索新技术。

2. 劳动激发创新

创新的核心是思维创新，其关键是产生新的和有效的变革。创新精神就是具有提出新思想、新方法的勇气和智慧，善于运用各种知识、技能和方法进行变革。

创新是民族进步的灵魂，是一个国家兴旺发达的不竭动力。一个没有创新能力的民族，难以屹立世界先进民族之林。人类社会之所以会不断发展，就是由于人们在劳动的激发下，不断创造新思想、新事物，代替旧思想、旧事物。不人云亦云，坚持独立思考；不喜欢大众化，追求新颖、独特、与众不同；避免僵化呆板，灵活运用已有知识和技能解决问题……这些都是创新精神的具体表现。

创新精神在于摒弃旧物、创立新生，同时创新精神又以遵循客观规律为前提，成为促进社会发展的动力；创新精神提倡新颖、独特，同时又受到一定的价值观、审美观的制约。作为中职学生，我们应该如何培养创新精神呢？

（1）充满好奇，勇于探索

学生时代的牛顿就有强烈的好奇心，他经常思考一些在别人眼里看似荒唐可笑的问题：人们抛出去的东西为什么会掉下来？星星和月亮为什么会挂在天上？它们不会相撞吗？这些疑问激发了他的探索欲望。后来，经过潜心研究，他发现了万有引力定律。在学习过程中，能提出问题，说明在思考问题。如果提不出问题，那才是最大的问题。好奇心意味着强烈的求知欲望和勇于发现的探索精神，是人类不断进步的动力。正如爱因斯坦所说：“我没有特别的天赋，只有强烈的好奇心。”

（2）保持怀疑，积极行动

不要认为被人验证过的都是真理。许多科学家的发明创造，无不是从怀疑开始的。

例如，伽利略用“两个铁球同时落地”的实验，验证了自己对亚里士多德“物体下落速度和重量成正比”学说的怀疑，发现了自由落体定律。发自内心的怀疑，激发人们去研究和探索。在实际劳动过程中，我们对现有的方法和认识要敢于大胆怀疑，不迷信任何权威，去发现缺陷和漏洞，探索解决问题的新思路和新方法，这是我们创新的出发点。

（3）人生在勤，永不满足

知不足才能有进步。一个人，如果懒于思考、安于现状，或者有了一点成绩就沾沾自喜，不思进取，其结果就是这个人会变得自满，停止前进。有人说：积懒成笨，就是告诫我们凡事越不主动去做，就越不会做事。要勤于思考，善于思考，遇到问题学会换个角度思考，长期坚持下去，我们考虑问题就会更深刻，更全面，发明创新也就水到渠成了。

知识链接

我们不能人云亦云，这不是科学精神，科学精神最重要的就是创新。

——钱学森

3. 做好创业准备

广义的创业是指创业者开展的各种创业实践活动。狭义的创业就是开办自己的企业，它是就业的重要形式和职业生涯走向新高度的标志。创业能否成功，往往需要天时、地利、人和。但所有成功的创业者，他们身上都具有一些共性的品质。

（1）创业者应该具有的素养

富有远见，自信乐观。很多人能在各自领域取得成功，并不是因为他们天生就具有成功的素质，而是他们能乐观自信地面对现有的困难和问题，不断思考改进和创新。

思想创新，审时度势。成功的创业者不仅具有创新理念，他们还具有将理念转化为价值和效益的能力。从脑科学来说，这是左、右脑协同开发作用的结果。

敢于冒险，大胆尝试。任何创新创业的道路都不是一帆风顺的，创业公司发展过程中会遇到很多难以预料的挑战，这需要创业者具有开拓创新精神和良好的应变能力。

善于倾听，遇事冷静。不感情用事，勤于思考，善于接纳各方不同的声音。因为无论推出的产品或服务多么棒，总会出现异样的声音，要学会坦然面对。

目标明确，沉着耐心。做事之前，创业者应该坚信这是自己一生愿意为之奋斗的事业。成功不可能一蹴而就，它需要日复一日的努力。很多人往往因急于求成而走向失败，欲速则不达。

善于经营，独立判断。创业者需要面对各种困难，必须保证能协调处理好每一件需要做的事情，清楚哪些事可以变通处理，哪些事要寻求帮助。如果只能专门做某一件事，那么创办公司并不适合你。

要相信，成功是一种优秀品质，它源于自信自强，保持热爱。你不妨问问自己，创业是你真正喜欢的事吗？

（2）中职学生创业的优势

刚步入社会的中职学生有青春活力，有拼搏的资本，也有较强的社会适应能力，对自己看好的事会有激情地去闯。因此，中职学生创业有着自己的优势。

第一，中职学生接受过系统的职业教育，专业方向明确，学习的知识和技能指向某一职业群；又参加过大量的实习实训，动手能力强。

第二，中职学生在学习中练得一技之长，对相关行业的职业道德和能力素质要求早已熟悉，在校期间就开始为进入这一行业付出积极努力。

第三，学校组织的社会实践、实训以及顶岗实习等活动，为中职学生深入了解企业运作和经营创造了有利条件。

第四，中职学生有务实的创业观念。一般而言，中职学生的创业大多从资金投入少、技术含量低的小微企业或个体经营起步，站稳脚跟后再求发展，因而成功率较高。

4. 制定创业计划书

凡事预则立，不预则废。开始创业前，务必开展市场调查研究，并落实到文字上，形成一份创业计划书。

一份好的创业计划书要清楚回答三个问题：一是“我为什么要创业？”二是“我的目标是什么？”三是“我用什么方法实现目标？”从内容上，创业计划书包括以下几点。

1）项目概况，简要描述公司名称、主营业务、竞争优势、财务预期、团队负责人及成员。

2）公司及产品或服务介绍。

3）市场调查分析。

4）营销计划。

5）财务分析，包括成本分析、模拟收入分析和利润分析。

6）风险及应对策略。

“例如炒栗”的创业计划书

一、基本情况

（1）店名：例如炒栗。

（2）宗旨：真诚服务，顾客至上。

（3）店长介绍：店长是一名中职学生，企业经营管理经验不足，平时喜欢吃板栗，也有很多同学喜欢板栗，所以决定开一家属于自己的炒栗店。

（4）概要：

1）板栗一直受到当地人的喜爱，我店主要提供糖炒板栗、干炒板栗和鲜板栗。

2）店铺处于繁华商业街、人流量大，可以说是商机无限。

二、项目背景

迁安市属于半山区，盛产板栗，迁安板栗闻名全国，每年的产量达到千吨，远销日本、加拿大等国家。迁安板栗味甜、甘糯，矿物质含量丰富，是馈赠亲友的佳品。

三、实地调查分析

在迁安市共有炒栗店12家，每家的销量在每月50～100公斤不等，旺季最高达到500公斤。他们主要经营鲜板栗和糖炒板栗，能干炒板栗的只有3家，他们全部采用塑料袋包装。通过调查，人们更喜欢环保的纸制包装。

四、目标顾客分析

例如炒栗针对的消费人群主要是学生、妇女和孩子。通过调查，他们月平均花费在板栗上的金额在20～150元之间，更有甚者在200～500元之间，有的是自己食用，有的是送给亲朋好友。

五、经营策略

（1）品牌策略：店铺营业之初，要重视品牌打造，虽说是小店铺，但是在消费者心中仍会在无形中形成品牌印象。在品牌包装上采用纸制的环保设计，突出卖点、便于携带。

（2）价格策略：价格上不需要低于其他店铺吸引消费者，这样容易引起恶性竞争，可以通过会员优惠或是特价日吸引顾客。

（3）商品策略：主要是糖炒板栗和鲜板栗，辅以干炒板栗，比例是4:2:1，这样的安排有利于增加收入，不至于产生陈货，造成大的损失。

（4）宣传策略：开店前期，要做好宣传工作：印宣传画册免费发放给市民；请自己的亲朋好友帮忙宣传，这样可扩大宣传的范围和效果，有机会增加客源。

（5）优惠策略：开业当天光临的消费者都可成为会员，以后享受9折优惠。

(6) 经营时间：正常工作日8:00~21:00，员工工作时间为8:00~15:00，其他时间店长加班。

(7) 促销策略：除了上述优惠政策，店铺走上正轨以后，每年举行一次会员聚会，可以让旧会员介绍新会员，发放纪念品，聚集人气，增加客源，在无形中增加了未来收入。

(8) 制作消费者调查表，了解消费者对商品的需求，与消费者交流信息，沟通感情，与消费者建立良好的客户关系。

六、竞争分析

(1) 店铺装修以黄色、绿色和棕色为主。黄色代表栗花，绿色代表树叶，棕色代表板栗。

(2) 亲切的笑容最能打动人，所以要求员工要笑脸迎人，致以最真诚的态度与服务。

(3) 对于商品，我们绝对要保证质量，如顾客买到质量不好的商品，我们要无条件退换货，并真诚向顾客道歉。

(4) 规定每月15号为特价日，全场商品9折出售。

(5) 成立QQ群、微信群，及时了解顾客需求，并且可以在微信朋友圈发布促销信息。

七、业务预期与风险分析

(1) 组织结构、人事计划：由于是个人出资，所以组织结构相对简单，店长既是老板又是员工，同时再雇佣一名员工。至于进货、销售情况、财务都由店长负责，避免账务不清，财务混乱等现象。

(2) 利润风险及外部风险：虽然在价格上我们并不能占优势，但相信优惠政策加上促销宣传仍会吸引到顾客。对于刚开业的我们是否有盈余，盈余多少很难预测，所以具有一定的风险，但相信企业走上正轨以后，一定能够赚到钱。

八、财务分析

(1) 店铺（面积30平方米）租金每月2000元（包括水电费）。

(2) 店面装修5000元左右。

(3) 广告费用1000元左右。

(4) 员工一名每月1800元。

(5) 进货50000元左右。

(6) 流动资金20000元。

(7) 商品标价：糖炒板栗15元/斤，干炒板栗20元/斤，鲜板栗12元/斤。

(8) 营业之初（3个月内）月收入3000元左右。

(9) 稳定时期月收入5000元左右。

(10) 年收入$3000\times3+5000\times9=54000$元。

案例品读

如果用花来形容自己，郭亚杰把自己比作一株风信子。这是一种多年生草本植物，喜阳、耐寒，是一种毫不起眼的小苗。但正是这样的小苗，待冬去春来，却开出密密实实的花朵，散发出最香的气味。如风信子一般的郭亚杰生性勤劳节俭、能吃苦，对于自己认准的事情，全力以赴，决不回头。

郭亚杰从职中农学专业毕业后，怀揣对未来的向往，只身一人到北京闯荡了三年。当她用多出别人几倍的努力成为企业的技术骨干后，突然被父母以结婚为由召回了老家。就这样，她选择了回乡创业。经过研究考察，郭亚杰把初次创业的目标锁定在了毛衣加工。但后来随着经济发展，服装越来越便宜，加工毛衣的人越来越少，郭亚杰被迫转行。

“立下凌云志，敢去摘星星。”2007 年，她和丈夫又建起了花卉大棚，开始栽培绿植花卉。播种、育苗、剪枝、施肥、灌溉……她边学边干，用一双勤劳的手，开启了另一项美丽的事业。花苗在她的劳动中慢慢抽枝，花蕾在她的汗水中开始孕育。花团锦簇的杜鹃、红艳欲滴的玫瑰、含苞欲放的蝴蝶兰……她对自己精心培植的花卉视若珍宝。这里的一枝一叶一花，记录了郭亚杰辛勤耕耘的奋斗之路。

第二年，她在县城的繁华路段租下商铺，起名百灵花卉，让自己的事业走入快车道。她真心对待每一位顾客，为使室外摆花达到最好的装饰效果，她还买了大量图书，设计出不同主题的摆花方案。靠着诚实守信、物美价廉的美誉，百灵花卉的口碑越来越好，郭亚杰的生意也越做越强。

作为一名中年女性，郭亚杰已经褪去了年少时的那份冲动，但她始终坚信，只要肯努力、不放弃，再寒冷的冬天都会过去，就像那株等待春天的风信子，一定会绽放自己的美丽。

案例解析

风信子的寓意是只要点燃生命之火，便可共享丰富人生。郭亚杰的创业之路充满艰辛，靠的是用心和闯劲。当她还是一名中职学生的时候，面对病倒的父亲，她有担当地选择了边上学边做生意。高中毕业，同学们都选择就近择业的时候，她勇敢选择去北京学习技术。回乡创业后，她眼光独到地选择了毛衣编织行业，并积累了一定财富。当人们的消费习惯发生改变时，当毛衣编织事业无法继续坚持下去的时候，她果断转行，办起百灵花卉鲜花店。每段人生经历，她都靠着敢为人先的进取精神和一心为顾客的营销法则，把生意做得有声有色。她不断调整人生的方向，在与时俱进的发展中成就精彩人生。

话题探讨

小陈在校学的是计算机应用专业，毕业后打算建一个商务网站。但经过大量调研，发现不少电子商务网站都在亏损，这时他犹豫了，他想找出其中的原因，就请教了几位朋友。

朋友甲说，这是因为顾客太少，没有人网上购物。

朋友乙说，商品过于便宜，低于成本，哪有不亏的呢。

朋友丙说，初期投资巨大，短期难以实现盈利是主要原因。

请你说说，电子商务网站经营亏损的原因可能有哪些？你能给小陈提出哪些发展建议？

拓展学习

1. 关注全国四大创新创业大赛，浏览相关网站。

   中国国际“互联网 +”大学生创新创业大赛

   “创青春”全国大学生创业大赛

   河北省中华职业教育创新创业大赛

   全国大学生电子商务“创新、创意及创业”挑战赛

2. 观看央视财经频道青年创业励志节目：《创业英雄汇》。

3. 阅读系列图书：《思维导图》《超级记忆》《启动大脑》《快速阅读》和《博赞学习技巧》。

劳动技能	
几种常用工具的使用方法	

第十七课　劳动助推职业生涯，成就职业梦想

学习目标

1）了解职业生涯规划的重要意义，认识职业生涯规划的方法和步骤。

2）能够科学规划自己的职业生涯，编写职业生涯规划书。

3）在劳动过程中，树立远大梦想，勤于思考、勇于进取，不断挑战人生新高度。

毕业时不等不靠，主动毛遂自荐做销售；成为业务骨干后，不安于现状，去做蒙牛乳业迁安总代理；规划职业生涯，更上一层楼，进入纳爱斯，业务扩大到唐山地区；人生再启航，开办农村幼儿园，服务社会，造福乡邻！她就是中职钢铁冶炼专业毕业的女汉子，走路一阵风、说话嘎嘎脆的王洁。她由一名中职学生走到现在，每一步做出的选择，都提前经过认真规划。她最欣赏的话就是“做自己命运的主宰，爱拼才会赢！”学会思考，善于规划，勇于进取，我们的劳动才能成就梦想。

劳动认知

1. 美丽的职业生涯——劳动收获精彩

实现人生理想，得到人生成功是每个人的梦想与追求，而规划职业生涯是人实现理想、获得成功的关键因素。

人生是一段充满酸甜苦辣的艰辛旅程，也是一幅色彩斑斓的壮丽画卷……每个人都希望能与幸福、快乐相伴一生，你是不是也这样憧憬着？

当我们走进职业学校的大门，透过双眼看到的是绚烂多彩、盎然生机的美景，还是单调乏味、黯淡无光的悲惨世界？我们是从头再来，去开创属于自己的新天地，还是继续过着迷迷糊糊的老日子？我们希望拥有什么样的人生呢？

回顾国内外每一位成功人士：苹果公司原 CEO 乔布斯、民族企业家任正非……他们每一个人的成功都是建立在劳动事业的基础上的，即职业生涯的基础上的。职业生涯占据了我们人生大半的时光，是拥有成功人生的基础。今天，我们选择了怎样的职业生涯，明天就会迎来怎样的生活，日积月累，便构成了我们五颜六色的人生！

从我们记事到现在，脑海里会出现许许多多美丽的梦想：希望自己是独立自由的

人；渴望拥有健康的体魄、渊博的知识、精湛的技能、和谐的人际关系；渴望得到尊重，拥有一份快乐的事业，一个美满幸福的家庭……这一切美好愿望的实现都与我们的职业生涯密不可分。我们应尽早规划自己的职业生涯，用勤劳的双手和智慧的头脑创造精彩人生！

知识链接

谁若游戏人生，他就一事无成；谁不主宰自己，永远是一个奴隶。

——歌德

2. 科学设计自我——职业生涯规划五步走

职业生涯是个人一生的职业经历，即个人一生职业、职位的变迁及职业理想的实现过程。人的一生大致分为三个阶段：从业准备阶段、从业阶段、从业回顾阶段。

无论处于哪个人生阶段，我们都要处理好方向和实干的关系。不能只顾低头拉车，也要抬头看路。低头拉车，是脚踏实地、埋头苦干；抬头看路，是志存高远、阔步向前。做事既要踏实肯干，又要明确方向。如果只是一味地低头拉车，不会抬头看路的话，遇到岔路，就会偏离方向，距离目的地越走越远。

勤奋劳动推动着我们不断向前，科学的人生规划让我们的劳动更有价值。通过实践，我们认识到科学设计自我发展之路，应该包括正确认识发展条件与机遇、合理确定发展目标、科学构建发展阶段、全面制定发展措施、及时做出发展评价与调整等。

中职学生职业生涯规划五步法如下。

1）分析自我条件。对个人的兴趣、性格、能力、价值取向等进行分析，确定自己适合干什么样的工作和自己具备哪些能力。

2）家庭与社会环境分析。观察思考家庭对于自己职业规划的影响，注重分析与预测行业或者区域等外部环境的发展，指导自己的长期职业规划。

3）确立职业生涯发展目标。职业生涯发展目标包括短期目标、中期目标和长期目标。要立足个人自身的实际，把握职业发展的外部机遇，确定自己职业生涯各个阶段的目标。

4）全面制定发展措施。针对阶段目标，制定详细可行的发展计划，边实践边完善，树立终身学习理念。

5）评价与调整。职业生涯规划的评价与调整过程是个人不断对自己加深认识的过程，也是对社会的认识反馈过程，是使职业生涯规划更加有效的手段。

3. 我的未来不是梦——成就职业理想

人生如同扬帆远航，梦想是指引前行的灯塔，是激励我们奋勇前进的动力。实现中华民族伟大复兴，是全体中华儿女的共同愿望和伟大梦想。我们同属华夏儿女，共享改革开放的发展成果，所以个人的梦想与国家兴衰、民族荣辱息息相关。

青春，无疑是人生最美好的时刻。青春因梦想而绚丽，因奋斗而精彩。青春离不开梦想，拼搏的青春最值得回忆。人们发自内心地赞美青春，源于美好青春的易逝。

今天，我们站在新的历史起点，距离中国梦从未如此贴近，实现人生价值的舞台从未如此宽广。伟大的时代呼唤有志青年，把个人理想、人生追求自觉放在国家梦、民族梦的历史潮流中，自觉抵制各种诱惑，发扬中华民族优秀传统文化，坚持理想信念、肩负时代使命，用脚踏实地的奋斗托起美好幸福的未来。

从学校走入职场，首先要学会给自己的职业生涯做一个科学合理的规划，让未来更加清晰可见。时光流逝，岁月往复，黑发不知勤学早，白首方悔读书迟。中职学生要珍惜宝贵的在校时光，立大志，立长志，学好专业，建设家乡。

我们在科学规划自己职业生涯的过程中，树立远大的职业理想、科学的择业观，以劳动精神、劳模精神和工匠精神为榜样，珍惜青春为圆梦，踏踏实实学技能，清清醒醒过一生。

知识链接

青年朋友们，人的一生只有一次青春。现在，青春是用来奋斗的；将来，青春是用来回忆的……只有进行了激情奋斗的青春，只有进行了顽强拼搏的青春，只有为人民作出了奉献的青春，才会留下充实、温暖、持久、无悔的青春回忆。

——习近平在同各界优秀青年代表座谈时的讲话

案例品读

职业中学毕业生倪小明，从借来的一台计算机起步，成功创办信息技术有限公司。在不到 6 年的时间里，公司营业额突破 300 万元，公司也成长为当地优秀的信息服务平台。

倪小明学的是计算机相关专业。他好学上进，虚心求教，熟练掌握了各种计算机操作技能，在省级学生职业技能大赛中获一等奖。他边学习边实践，还在上学时创建了计算机科技服务部。毕业后，他开始创办信息技术有限公司。为了开发网站，他在电脑前一坐就是一天，饭顾不上吃，觉顾不上睡，困了就趴在桌子上休息一会儿，醒来后揉揉眼，接着编程序。在他的辛勤努力下，终于建成了迁安第一家综合性网站。为了拓展业务，倪小明一家挨一家企业地跑。刚开始，拒绝和讥讽成了家常便饭。可是，他没有气馁，擦擦汗接着寻找下一家，最终用真诚打动了客户。经过几年的辛苦经营，网络平台现拥有会员 3 万多人，合作商家 200 多家，日访问量达到 1 万多次，网站也被授予“十大文明网站”称号。

信息人才网是倪小明开发的人才招聘求职平台。在当地有一句流行语：“找工作，聘人才，就到信息人才网”，充分说明了信息人才网的影响力。谈及未来，倪小明踌躇满志。他正在打造当地首家电子商务平台，目前已与上百家商家签订供货协议，700 多种商品已上网销售。这位寒门学子又填补了一个市场空白，拓宽了创业之路。

案例解析

倪小明用他的创业经历告诉我们：中职是人生的一个阶段，没有积累、执着，是不可能成功创业的，走向社会后要主动寻找并创造机会。创业要做好充分的准备，一要发挥所学专业特长和个人兴趣，考虑家庭经济情况；二要结合地区经济发展情况，创业内容是否对当地经济发展有帮助，解决当地一些实际问题，这样才有发展前景；三要做好规划，逐步推进，调整反馈。我们只要不懈努力，最大限度地完善、充实自己，就会有一个美好光明的明天，厚积薄发的创业人生才是有朝气、向上的人生！

话题探讨

我们做自己职业生涯的规划时，要结合社会发展大势。目前，我国已经制定了国民经济和社会发展第十四个五年规划纲要，简称“十四五”规划。“十四五”规划的内容有哪些与我们所学专业相关？这个阶段的特点是什么？这些对我们职业生涯阶段目标的制定和实施有什么影响？

拓展学习

1. 观看求职类电视节目。
2. 阅读书籍：《与未来同行：李开复文集》。
3. 观看电影：《当幸福来敲门》。

劳动技能

怎样打绳结

第十八课　劳动创造社会财富，推动人类进步

学习目标

1）了解劳动创造了人类，创造了社会财富。

2）尊重劳动、尊重劳动者；学会珍惜劳动成果；学习做一个快乐的、新型的劳动者。

3）在日常的生活、学习和工作中珍惜人民的劳动成果，热爱劳动、热爱劳动人民，努力成为社会主义现代化强国的建设者。

每时每刻，都有许多人忙碌在工作岗位上。天还没亮，环卫工人早已拿着扫把，在大街上开始了一天的工作，无论严寒酷暑，只为让环境更整洁，人民生活更舒心；工地上，建筑工人用他们厚实的双手建起一栋栋崭新的大楼，连通了一条条道路，让交通更加便利快捷，城市更加繁华绚丽。农民在田地里播下希望的种子，工人在流水线上制造出各种产品，快递小哥把一件件快递包裹送到千家万户……

巨大的成就是靠我们的双手拼出来的，美好的未来需要我们去奋力开拓。幸福不会从天而降，梦想也不能自动成真，实现我们的奋斗目标，开创我们幸福的生活，必须紧密依靠劳动人民，用一砖一瓦建成中国特色社会主义事业的大厦，创造出人民的幸福生活。

劳动人民最伟大，他们用劳动创造了世界，给我们带来了今天的幸福生活。我们要热爱劳动，珍惜劳动成果，用我们的努力回报劳动人民，用我们的劳动描绘祖国的美好未来。

劳动认知

劳动是人类生存和发展的动力。劳动创造了人类，也创造了人类社会几千年的文明，促进了人的成长与发展。尊重劳动者，珍惜劳动成果，是我们应有的素质。热爱劳动，善于劳动，让我们成为新时代的快乐劳动者。

1. 劳动创造人类、创造文明

从人类发展史的学习中，我们认识到劳动起到了决定性作用。劳动创造了人类，创

造了世界，创造了各种文明财富。劳动也促进了人的成长与发展，丰富了人的精神世界。劳动是美好生活的动力源泉，也是我们生存与发展的第一需要。

在晨雾弥漫、炊烟袅袅之时，勤劳的农民早已开始了田间的耕作；大街上，人来人往，车水马龙，上班一族行色匆匆，奔赴工作岗位；上学路上，一群群学生背着书包，一路欢笑，迎接新的学习生活。这就是充满辛劳、充满快乐、充满希望的劳动的世界。

从古至今，劳动者在人类进步和社会发展中发挥着不可替代的作用，他们包括工人、农民、知识分子、工程师、医生、教师、小商贩、快递小哥……他们有的创造着物质成果，有的创造着精神成果，有的劳动成果展现在当下，有的劳动成果呈现在未来。总而言之，只有全体劳动者众志成城，才能解放和发展生产力，推动人类文明向前发展。

新中国的发展是一部可歌可泣的劳动发展史。从红旗渠到三峡工程，从天路到高铁，从东方红卫星到神舟飞船，“嫦娥”上九天揽月、“蛟龙”下五洋潜海，每一个前进的脚印里，凝结的都是我国劳动者的汗水。

大家想一想，我们习以为常的一切，便利的现代生活，哪一个不是劳动创造出来的？你知道吗，我们脚下的道路是由一粒粒沙石、一袋袋水泥铺设成的，住的房子是由一根根钢筋、一车车混凝土搭建起来的，使用的手机是工人们在一条条流水线上组装起来的，我们享受的5G网络是通信工程师设计出来，再由工人们深入社区、农村、山林、沙漠，把一个个基站建起来的……

劳动，不仅创造了物质文明和精神文明，还不断提高着人类自身的生理素质和心理素质，与个人成才、事业成功密切相关，促进人类的成长和发展，劳动是一个需要付出体力和脑力的艰苦过程。

我们是中国特色社会主义现代化事业的建设者，国家富强、民族复兴的重任落在我们肩上。我们只有努力学习，刻苦钻研，练就一身真本领，将来才能成为担当起实现中华民族伟大复兴中国梦的有用之才！

2. 尊重劳动者、珍惜劳动成果

劳动是光荣的；劳动者应该享有最高的荣耀。扫大街、盖房子、送外卖、造芯片、修铁路、写代码、造火箭……没有谁高谁低之分，都是社会主义现代化的建设者。人类是群居动物，人类发展到了高度合作的社会化大生产阶段，我们没有任何一个人可以脱离社会单独存在，每个人都需要他人的劳动成果，社会分工让我们既相互独立，又密不可分。每个人不可能既会种粮食，又会生产化肥，又会造芯片，又会盖房子……所以，每一位劳动者都需要为他人提供劳动成果，同时，也在享受着他人提供的劳动成果。

劳动不但创造人，还能改造人，改造我们的思想，改造我们的世界观、价值观和人生观。所以，广大青年应该更多地了解社会，去看看一块砖、一粒米、一个口罩的生产流程，找机会体验这一切是怎么发生的，了解我们吃的、用的、习以为常的一切都是怎么来的。

刚刚走出校园的学生，常常会出现眼高手低、自命不凡的情况．但当我们深入接触社会之后就会发现，读书人如果不参加实践，不参与生产，就会变得自负浅薄，对社会的认识，可能远不如一个没有读过多少书的人。因为他们知道挖掘机怎么开，电钻怎么用，庄稼如何种植，粮食如何生产，如何在一天之内，让一块荒地上有电有水，有可以居住的活动板房。

3. 热爱劳动、做快乐的劳动者

当你在享受着假期的时候，有这样一群人依然坚守岗位，在脚踏实地地辛勤劳动，他们坚守一线，服务大众，他们是最美的风景线。让我们走近身边的劳动者，感受他们的奋斗与快乐，向劳动者致敬。高尔基说，劳动是世界上一切欢乐和一切美好事情的源泉。每一位辛勤劳动的人都值得尊重！为劳动者喝彩，劳动最光荣，致敬每一个努力生活的人。

新中国成立以来，在中华这片热土上，一代一代先进模范人物干一行爱一行，专一行精一行，在各自的岗位上建功立业，用他们的聪明才智和辛勤劳动，铸就了爱岗敬业、争创一流，艰苦奋斗、勇于创新，淡泊名利、敢于奉献的劳模精神，培育了崇尚劳动、热爱劳动、辛勤劳动、诚实劳动的劳动精神，形成了执着专注、精益求精、一丝不苟、追求卓越的工匠精神。劳模精神、劳动精神、工匠精神是以爱国主义为核心的民族精神和以改革创新为核心的时代精神的生动体现，是鼓舞全党全国各族人民风雨无阻、勇敢前进的强大精神动力。

大力弘扬劳模精神、劳动精神、工匠精神，营造劳动光荣、技能宝贵、创造伟大的社会风尚，大力学习劳动模范和大国工匠的典型事迹、优秀品质和突出贡献，在他们的激励下，争做新时代的奋斗者，让劳动最光荣、劳动最崇高、劳动最伟大、劳动最美丽成为全社会的自觉追求。

劳动创造财富，劳动创造幸福，劳动创造美好的生活。我们每一位同学都应该牢记劳动光荣，懒惰可耻。人人都应热爱劳动，积极参加劳动，珍惜他人劳动成果，争当知荣辱、辨善恶的劳动者。劳动让我们的双手更灵活，劳动使我们的心灵更纯洁，劳动给我们带来更幸福的生活和更美好的未来。

劳动是推动人类社会进步的根本力量。正是因为劳动创造，我们拥有了辉煌的历史；也正是因为劳动创造，我们创造出今日的成就。奋进新时代、开启新征程，必须紧紧依靠人民、始终为人民服务，必须依靠辛勤劳动、诚实劳动、创造性劳动，为夺取全面建设社会主义现代化国家新胜利汇聚起强大力量。

同学们，热爱劳动是中华民族的传统美德，我们理应将它传承下去。同学们，我们歌颂劳动，是为了记住过去；我们崇尚劳动，是为了开创未来。我们要学会从身边的小事做起，从现在做起，随手捡起地上的垃圾，分类放入垃圾筒内；认真独立完成每一项作业，做个令人称赞的好学生……我们是劳动者，更是未来世界的主人，那就让我们用心去感受世界，用行动去美化世界吧！争做一个热爱劳动的人，让中华民族的传统美德在我们身上继续发扬光大吧！

案例品读

他曾是赫赫有名的钢老板，如今是生物制药业的新星。他是全国劳动模范，所创企业被评为“全国抗击新冠肺炎疫情先进集体”。他就是英诺特（唐山）生物技术有限公司董事长叶金保。

叶金保具有优秀企业家的敏锐洞察力和预见性，在瞬息万变的大环境中，审时度势，抢抓先机。早在2006年，他就力排众议，毅然将生物医疗诊断试剂作为转型目标，并将产品研发基地选在了北京中关村高科技园区。2010年，他又在家乡成立了生物技术有限公司，由此形成了研发、生产、仓储、销售一条龙的产业格局。如今，经过持续不断的艰苦努力，他更是把企业做得风生水起：拥有国家专利14项，产品销售网络覆盖全国，并出口到70多个国家和地区，成为国内体外诊断试剂行业品种全、检测范围广、产品自主研发能力强的高新技术企业。

2020年年初，一场突如其来的新型冠状病毒引发的肺炎疫情让人猝不及防。作为人大代表，叶金保身先士卒，带领公司全体员工，站在抗疫斗争前沿。除夕之夜，他连夜组织动员公司员工放弃休假，迅速返岗恢复生产；组建新冠肺炎检测研发科技攻关小组，力争最短时间内研发出新冠肺炎检测产品。那段时间，叶金保白天指挥协调生产，晚上开会研究工作，最多时三天三夜没合眼，两个月吃住在公司。不仅如此，为支持全国抗疫，叶金保还分别以公司和个人名义向各地红十字会以及当地政府捐赠6万人份诊断试剂和生化仪、隔离服、口罩、消毒液等数百万元的抗疫物资，无偿提供1000平方米生产车间用于抢制隔离服等防疫物资。

案例解析

敢于付出，敢于坚持，敢于接受变革，叶金保在传统产业转型中闯出了一片新天地。勇于担当，善于作为，他在民族危难之时挺身而出，无私奉献，守卫着人民的健康。这就是劳动的价值，更是人生的财富。"只要国家需要，我当义不容辞。"叶金保以实际行动践行"人民选我当代表，我当代表为人民"的铮铮誓言。作为新时代的有志青年，我们中职生只有发奋学习，苦练技能，将个人理想与社会理想紧密结合起来，实现个人梦与中国梦同频共振，才能更好地为社会进步和国家富强做出更大的贡献，实现中华民族伟大复兴。

话题探讨

"敬业"是社会主义核心价值观的主题词之一。我们崇尚"劳动最光荣""只有分工不同，没有高低贵贱"；我们给予一些特殊行业无限敬意，"人类灵魂的工程师""白衣天使"……但是从什么时候开始，对某些人来说，职业仅仅变成谋生的手段，其所承载的人生价值和理想在慢慢消失。很多人在否定自己的职业。尽管对择业有"围城"之说——进来的想出去、出来的想进去，但近些年来，许多行业失去了昔日的光芒，对某些从业者的价值，仅仅是生存诉求而非理想召唤。有人不禁发出这样的感慨："我们的职业理想，正在渐行渐远。"

对此，谈谈你的看法。

拓展学习

观看脱贫攻坚相关电影：《我和我的家乡》。

劳动技能	
怎样照看病人	

参考文献

[1] 教育部职业技术教育中心研究所. 劳动教育读本：中职版 [M]. 北京：高等教育出版社，2021.

[2] 中国法制出版社中华人民共和国劳动法：实用版 [M]. 2 版·北京：中国法制出版社，2018.